PEDAGOGIA DA
VIDA COTIDIANA
E PARTICIPAÇÃO CIDADÃ

GUIA DA ESCOLA CIDADÃ vol. 9

Dados Internacionais de Catalogação na Publicação (CIP)
(Câmara Brasileira do Livro, SP, Brasil)

Muñoz, César
Pedagogia da vida cotidiana e participação cidadã / César Muñoz. — São Paulo : Cortez, 2004.

Bibliografia
ISBN 85-249-1023-2

1. Cidadania 2. Participação social 3. Pedagogia 4. Sociologia educacional 5. Vida cotidiana – Habilidades básicas I. Título.

04-1893 CDD-370.115

Índices para catálogo sistemático:

1. Pedagogia da vida cotidiana : Participação cidadã : Educação 370.115

GUIA DA ESCOLA CIDADÃ
INSTITUTO PAULO FREIRE

9

César Muñoz

PEDAGOGIA DA VIDA COTIDIANA E PARTICIPAÇÃO CIDADÃ

CORTEZ EDITORA

INSTITUTO PAULO FREIRE

Preparação de originais e revisão: Sandra Regina de Souza
Composição: Estúdio Graal
Coordenação Editorial: José Xavier Cortez

Direitos para esta edição
CORTEZ EDITORA
Rua Bartira, 317 – Perdizes
05009-000 – São Paulo – SP
Tel.: (11) 3864-0111 Fax: (11) 3864-4290
E-mail: cortez@cortezeditora.com.br

Impresso no Brasil – março de 2004

SUMÁRIO

*A todos os cidadãos e cidadãs,
comprometidos, desde sua vida íntima,
privada, familiar, profissional, com
a esperança, com a utopia, inédito-
viável, iniciada no Fórum Social
de Porto Alegre, de alcançar "outro
mundo possível" a partir de outra
educação, outra escola, outra
participação cidadã, outra cidade
possível...
Às crianças e adolescentes, aos
profissionais dos CEUs e do
OP-Criança, seres humanos
imprescindíveis na concretização
dessas utopias.
À Prefeitura de São Paulo, desde sua
Secretaria Municipal de Educação
e da Coordenadoria do Orçamento
Participativo, por me permitir
colaborar com esse grande sonho,
que já se tornou realidade. E por seu
empenho em apoiar o protagonismo
infantil e juvenil na vida social.*

OP CRIANÇA E PROTAGONISMO INFANTO-JUVENIL

Introdução: protagonismo infanto-juvenil e participação cidadã

A discussão sobre a articulação entre participação cidadã e protagonismo infanto-juvenil é propícia para realizar uma discussão sobre questões envolvidas substantivamente quando se debatem as concepções de democracia e sociabilidade. Principalmente quando estas questões relativas a uma concepção radical de democracia são o ponto de partida para o desenho de políticas públicas.

Roger Hart construiu uma tipologia para classificar os projetos sociais e as políticas públicas relacionadas com as crianças, de acordo com o grau da sua participação e mobilização. Com grande satisfação, a proposta do OP Criança pode ser classificada no "sexto degrau" dessa "escada da participação infanto-juvenil"[1].

Antes de discorrer sobre as importantes contribuições de Hart para o desenvolvimento de uma concepção de participação cidadã que engloba o segmento etário infanto-juvenil, é importante lembrar que, no Brasil, com a adoção do Estatuto da Criança e do Adolescente (ECA) em 1990, foi dado um grande passo visando a promoção dos direitos de cidadania de crianças e de adolescentes.

A formulação, pelo ECA, da noção de que a criança e o adolescente são portadores e sujeitos de direito abre um caminho de extrema impor-

---

[1] Hart, Roger. *La participación de los niños: de la participación simbólica a la participación auténtica.* In Ensayos Innocenti nº 4, UNICEF, Santafe de Bogotá, 1993. Roger Hart é professor de Psicologia Ambiental no Programa de Doutorado em Psicologia da Escola de Pós-graduação e o Centro Universitário da Universidade de Nova York (CUNY). Também é professor de Psicologia do Desenvolvimento e Diretor do Centro para Ambientes Humanos. É co-editor da revista *Children's Enviroments Review* antes denominada *Children's Enviroments Quaterly*. Suas investigações se concentram no desenvolvimento das crianças em relação ao seu ambiente físico. Boa parte do seu trabalho se baseia na aplicação da teoria e a pesquisa sobre desenvolvimento infantil ao planejamento e desenho de ambientes infantis e à educação das crianças.

tância para o desenvolvimento de concepções e de metodologias visando a inclusão desse segmento na elaboração, controle e fiscalização das políticas públicas. De certo modo, a definição de um marco legal contribuiu em muito para a consagração de direitos da criança, principalmente no que tange à sua condição de cidadão. Na verdade, a legislação no Brasil acompanhou de perto o processo internacional, pois o ECA foi promulgado logo depois de as Nações Unidas darem um passo semelhante com a sanção da Convenção Internacional dos Direitos da Criança.

Assim, foi na década de 1990 que os dispositivos legais fundamentais foram produzidos para consagrar o direito de crianças e adolescentes a serem social e politicamente considerados enquanto cidadãos de pleno direito.

Tudo isso tem uma importante imbricação com o desenvolvimento de programas governamentais de incentivo e de promoção da participação cidadã, *em geral*, e do segmento infanto-juvenil, *em particular*. A disseminação de experiências de gestão participativa envolvendo o orçamento público, nos vários casos de aplicação dos orçamentos participativos (OP) em governos locais, e as experiências de adoção por governos municipais de programas de OP Criança, principalmente no Brasil, são um sinal do avanço prático do debate sobre o tema da participação cidadã e do fortalecimento de uma concepção radical de democracia.

Democracia etária e participação cidadã

"Uma nação é democrática na medida que seus cidadãos participam, especialmente em nível comunitário. A confiança e a competência para participar devem ser adquiridas gradativamente com a prática. Por essa razão deve haver oportunidades crescentes para que as crianças participem em qualquer sistema que aspire a ser democrático e, particularmente, naquelas nações que acreditam já serem democráticas"[2]. Nessa singela afirmação de Roger Hart, pode ser resumida uma boa parte das questões relacionadas à articulação da participação cidadã, do governo local e do protagonismo cidadão de crianças de adolescentes.

O surgimento de uma concepção radical de democracia tem ocorrido por meio da articulação de inovações nos mecanismos de decisão pública envolvendo a esfera local e também a retomada da construção da democracia como expressão de uma cidadania ativa.

Esse casamento entre cidadania ativa, governos locais e participação cidadã coloca os ingredientes que estão presentes na concepção radical

---

[2] Hart, R. op. cit. p. 4

de democracia que anima as esferas sociais e institucionais que praticam modelos de democracia local com participação. As experiências de orçamento participativo se alicerçam, justamente, nesse terreno de inovações na concepção e nos mecanismos de gestão das políticas públicas.

Mas o que tem a ver tudo isso com o debate sobre a participação e o protagonismo de crianças e adolescentes?

Justamente, essas experiências de democracia participativa são contemporâneas da luta pelo reconhecimento dos direitos e da cidadania do segmento etário infanto-juvenil. A aprovação do ECA, aqui no Brasil, e da Convenção Internacional dos Direitos da Criança da ONU são concomitantes à implantação e ao florescimento das experiências de democracia participativa em governos locais iniciadas com os orçamentos participativos.

Nesse sentido, houve um grande avanço na compreensão dos setores progressistas e democráticos da sociedade que levou a um entendimento mais correto da condição de crianças e adolescentes. Da perspectiva dos que defendem uma visão apenas "protecionista" da infância e da adolescência, ou uma visão que defenda a inadequação de transferir para eles responsabilidades na compreensão dos alcances das políticas públicas que os afetam, estão em jogo concepções centrais sobre direito e cidadania.

Os textos e os estudos de Roger Hart e de César Muñoz são importantes referências para este debate, porque com seus estudos e suas reflexões eles permitem desmentir algumas "falsas" idéias sobre a condição da infância e da adolescência.

Em primeiro lugar, eles enfrentam o desafio de problematizar a condição das crianças e dos adolescentes no terreno da luta por cidadania e pelos direitos. Neste terreno, esses autores resgatam os referenciais científicos e teóricos imprescindíveis para compreender que esse segmento etário é capaz de se posicionar diante dos embates da realidade.

"Participação cidadã" é sinônimo de partilha das decisões que afetam a própria vida do indivíduo e da comunidade. O grande problema é que o segmento das crianças e adolescentes é sistematicamente alijado dos espaços em que a cidadania debate e constrói o entendimento sobre suas principais dificuldades, necessidades e demandas. O grande desafio para a incorporação das crianças e adolescentes parece residir, justamente, na incapacidade da sociedade de "compreender que a participação democrática e a confiança e a capacidade para participar somente se podem adquirir gradativamente por meio da prática; não pode ser ensinada como uma abstração."[3]

---

[3] Hart, R. op. cit. p. 5.

Por esse motivo, dois desafios fundamentais se desdobram desta compreensão sobre a condição de vida de crianças e adolescentes. Em primeiro lugar, a necessidade de incorporar esse segmento etário como portador de direitos plenos e de cidadania. Isto é necessário como condição de possibilidade de criação de patamares concretos e específicos de exercício cotidiano desses direitos. Sem intermediação nem tutela das organizações e pessoas do mundo adulto.

Um segundo desafio diz respeito à promoção de uma ***cumplicidade intergeracional*** que é essencial ao processo de aprendizado sobre as potencialidades e os limites da vida social sob uma democracia. A noção, defendida pelo César Muñoz, do desde/com. Ou seja, desde o mundo da criança com a cumplicidade e a parceria do mundo adulto coloca em questão a possibilidade de construir uma sociedade nova, que esteja assentada no reconhecimento e na participação de adultos, crianças, adolescentes, idosos, e poderíamos acrescentar: mulheres, negros, migrantes e imigrantes, índios e todos os segmentos historicamente alijados nos seus direitos e na sua cidadania.

Com esse entendimento sobre os dilemas da participação das crianças e adolescentes, esses autores contribuem para situar o espaço, ou lugar, onde é possível construir essas experiências de participação cidadã como dimensões de luta pela construção de uma sociedade radicalmente democrática.

OP Criança: concepção e metodologia

O OP Criança é a concretização, no plano da gestão da política pública local, de um projeto de articulação do mundo infanto-juvenil e do mundo adulto. O OP Criança é um mecanismo de participação que combina democracia direta e representação, permitindo um efetivo protagonismo do referido segmento etário da população.

O OP Criança se baseia na tomada de decisão sobre políticas, obras e serviços das escolas municipais e se articula com o processo de elaboração do Plano Municipal de Educação, que está sendo elaborado em 2004. Ao mesmo tempo, esse mecanismo de participação infanto-juvenil é parte do processo de orçamento participativo da cidade. Neste sentido, o OP Criança é uma das esferas constitutivas da participação cidadã na cidade de São Paulo.

Este programa governamental se apóia em uma concepção de infância que rejeita os estigmas socialmente construídos a respeito da incapacidade desse segmento e sobre a necessidade dele de sofrer tutelas e interdições para o exercício dos seus direitos. Ao contrário, o OP Criança reconhece na infância e adolescência um segmento que constitui o universo da cidadania.

Nesse sentido, o OP Criança não se limita a oferecer uma "pedagogia" da educação e da cidadania, estática e passiva. Bancaria, na feliz denominação de Paulo Freire. Mas um exercício ativo e cotidiano de direitos. Um aprendizado direto e uma experiência de conhecimento da realidade que se apóia no vivido e retira dali as ferramentas para a vida. Para sua concretização, o OP Criança se baseia em uma concepção radicalmente democrática da gestão das políticas públicas. Para isso, incentiva e apóia a transformação da infância em protagonista imprescindível na gestão da política pública.

Isso tem significado resgatar uma concepção de solidariedade e de cumplicidade intergeracional assentada sobre uma noção articuladora de protagonismo infanto-juvenil e cumplicidade do mundo dos adultos. É o chamado "desde/com". Uma fórmula muito adequada que foi cunhada pelo educador, pensador e especialista espanhol César Muñoz.

O OP Criança é coordenado pela Secretaria Municipal de Educação da cidade de São Paulo e pela Coordenadoria do Orçamento Participativo do município. Em 2004, envolverá todas as unidades de ensino da Prefeitura, compreendendo a totalidade das suas 477 escolas de ensino fundamental. Na concepção do programa se destacam dois aspectos que têm muito a ver com a experiência do Orçamento Participativo da Cidade, já existente.

Em primeiro lugar, o OP Criança se auto-regulamenta por meio da articulação da comunidade e dos profissionais da área de educação com as crianças na formulação do regulamento deste mecanismo de gestão participativa. Isso permite que a definição dos mecanismos de consulta, participação, delegação e deliberação levem em consideração as crianças e os adolescentes. Em segundo lugar, o OP Criança se integra ao planejamento da vida educacional tomando como referência o conjunto das escolas do entorno, ou seja, do território da subprefeitura. Esse território das subprefeituras abrange dezenas de escolas. A idéia é não circunscrever o alcance do OP Criança à escola, isoladamente, mas de integrar o conhecimento e o reconhecimento das realidades que animam ao conjunto formado pelas escolas da área geográfica de cada subprefeitura. Dessa forma, o OP Criança tem mais possibilidades para se consolidar como ferramenta para o exercício de noções de solidariedade e de combate às desigualdades sociais e territoriais. Essa dimensão de prática da solidariedade é um aspecto que se destaca no funcionamento dos orçamentos participativos, como acontece com a maioria das experiências de OP nas cidades que aplicam esse programa.

Ao examinar a metodologia do OP Criança constata-se uma importante inovação metodológica que diz respeito, muito diretamente, com a problemática do protagonismo infanto-juvenil. No OP Criança, a participação da infância não se realiza somente no momento das reuniões formais e das assembléias. Essa participação se efetiva, também, por meio da participação das crianças na própria preparação do processo que antecede e alimenta as assembléias.

Para isso, são formados "grupos faísca" em cada escola. Esses grupos assumem com os adultos, professores e profissionais da área de educação, a responsabilidade pela efetivação do processo participativo. Em 2003, foi possível comprovar que a formação dos grupos faísca foi essencial para o sucesso que teve o plano piloto. Em 2004, esses grupos cumprem um papel essencial, pois eles materializam a cumplicidade intergeracional que é o potencial mais avançado da proposta do OP Criança.

É esta articulação do orçamento participativo da cidade com o OP Criança que explicita, ao mesmo tempo, a urgência e a viabilidade de uma utopia democrática que se constrói todos os dias mediante o compromisso das gerações de ontem e de hoje.

Prolegômenos: fatos e processos

A definição em 2002 de um seminário internacional sobre o tema do "Protagonismo infanto-juvenil" e a estruturação de um grupo intersecretarial para analisar a viabilidade de implantação do projeto Orçamento Participativo Criança foram duas iniciativas fundamentais que a Coordenadoria do Orçamento Participativo tomou com vistas à adoção desse mecanismo participativo.

Tudo começou com a realização do referido seminário. Essa foi uma atividade convocada e impulsionada pela Coordenadoria Especial do Orçamento Participativo. O evento aconteceu em dezembro de 2002, no Salão Azul do Palácio das Indústrias em dois períodos.

A Secretaria Municipal de Educação participou por meio da presença do Chefe de Gabinete, Enéas Rodrigues, e de um número expressivo de Núcleos de Ação Educativa. As demais secretarias afetas à problemática da infância e da adolescência participaram, também, e sua intervenção foi importante para viabilizar a montagem de um grupo intersecretarial representativo das várias áreas.

Contou-se com a contribuição do Programa de Gestão das Nações Unidas (PGU) na pessoa do seu representante para América Latina e diretor da oficina regional para o continente latino-americano, Yves Cabannes. O PGU já vinha desenvolvendo pesquisas no Brasil nessa área. Eles haviam analisado experiências em curso, como as de Icapuí, e as que aconteceram em anos anteriores, como Barra Mansa. Na apresentação que Cabannes realizou nesse seminário, ele desenvolveu também a experiência da prefeitura indígena equatoriana de Cotacachi. Estiveram presentes também, a esse evento promovido pela COP, os responsáveis pelos programas de OP Criança das prefeituras de Goiânia (GO) e de Recife (PE).

As organizações da sociedade civil que articulam iniciativas de protagonismo infanto-juvenil também participaram. A Oficina de Idéias, o Banco na Escola e a Consultoria em Políticas Públicas (CPP) se fizeram presentes a esse primeiro seminário sobre protagonismo infanto-juvenil.

A COP estabeleceu, no fim de 2002 e início de 2003, a estratégia a ser levada com vistas à implantação do OP Criança no município de São Paulo. Seria feito um processo envolvendo, em uma primeira etapa, as unidades escolares de ensino fundamental da rede municipal. Somente em um segundo momento seria procurada sua articulação a um projeto baseado na participação de crianças e adolescentes originada das entidades e associações da sociedade civil que trabalham com criança.

Com essa diretriz de trabalho foi procurado o Instituto Paulo Freire, entidade destacada no desenvolvimento de projetos de educação popular e não formal. Com eles foi desenvolvido o projeto básico de implantação do OP Criança, atendendo a diretriz de atingir, em uma primeira etapa, as unidades escolares da rede municipal de ensino.

O projeto foi lançado, em São Paulo, em julho de 2003 durante a realização da II Urbis, no Palácio das Convenções do Anhembi. O evento de lançamento consistiu na realização de um segundo seminário sobre o tema do "Protagonismo Infanto-juvenil". Essa atividade contou com a participação do Yves Cabannes, do PGU, do Prefeito de Recife (PE), João Paulo, da Maria Aparecida Peres, secretária municipal de educação da prefeitura de São Paulo, do Félix Sánchez, coordenador do OP da cidade de São Paulo e Moacir Gadotti, presidente do Instituto Paulo Freire. Foi acordada a implantação do OP Criança na rede municipal de ensino por meio de um "plano piloto" que acompanharia, no segundo semestre de 2003, a criação e inauguração dos Centros Educacionais Unificados. Para realizar o plano piloto foram escolhidos quatro desses CEUs. A implantação do OP Criança em toda a rede de ensino fundamental aconteceria apenas em 2004.

O piloto de 2003: lições e desafios

Como foi explicado anteriormente, o OP Criança está sendo construído nas cerca de 500 unidades escolares do município, abrangendo a totalidade das suas 477 escolas de ensino fundamental e todos os 21 CEUs que foram inaugurados nos anos 2003 e 2004.

Para iniciar o OP Criança foi traçado um plano piloto em quatro dos CEUs inaugurados em 2003. Esses CEUs eram Jambeiro, em Guaianazes, Rosa da China, em Sapopemba, Perus, em Perus, e Aricanduva, em Aricanduva. Foram realizadas mais de 150 assembléias com participação de mais de 3 mil crianças. Nas assembléias foram indicados representantes que apontaram as três principais demandas de cada uma das escolas em que se realizou a experiência piloto.

O mais importante dessa experiência piloto é que tornou possível estabelecer uma diretriz clara e metas exeqüíveis para a inclusão de todo o universo das unidades educacionais da prefeitura que abrigam escolas de ensino fundamental. Para isso, foi essencial o empenho tanto da Coordenadoria do Orçamento Participativo como da Secretaria Municipal de Educação da Prefeitura. Sem essa determinação e esse empenho teria sido muito difícil conseguir a meta de universalizar para toda a rede municipal essa proposta de protagonismo infanto-juvenil e de "cumplicidade" intergeracional na elaboração das políticas públicas.

Com base na experiência realizada em 2003 foi possível estabelecer mecanismos eficazes para organização das crianças e adolescentes da rede municipal. Também foi possível discutir a adoção de parâmetros orientadores das demandas. Finalmente, o planejamento das ações para 2004 permitiu integrar muito bem os resultados das assembléias ao processo de debate da política educacional.

E mais importante ainda, o OP Criança, por causa da sua articulação com o OP da Cidade, surge como uma experiência original de construção da participação cidadã com base na abertura para a participação de um segmento etário de grande peso social e, o que é mais significativo, apoiado em uma concepção avançada e democrática de solidariedade intergeracional. Dessa forma, São Paulo oferece ao Brasil e ao mundo o exemplo de efetivação dos princípios de direito e cidadania das crianças já consagrados no ECA e na declaração da ONU.

OP Criança: participação cidadã, protagonismo infanto-juvenil e política pública

Para concluir gostaria de abordar mais duas questões sobre a muito valiosa contribuição do livro do César Muñoz. Trata-se de uma síntese de grande valia para todos e todas que estarão na primeira fileira do OP Criança. Mas como coordenador do OP da Cidade, é preciso dizer que o livro é um verdadeiro referencial para a construção de mecanismos e procedimentos de participação cidadã em todas as esferas.

Todos os que lutam por democracia participativa encontrarão nas páginas deste livro do César Muñoz a fonte inesgotável de paixão e confiança na construção de um outro mundo possível. Porque construído pelas vozes e as vontades da grande maioria silenciosa que muito raramente nossas instituições têm o costume de ouvir. O OP da Cidade (e eu diria sem medo, do mundo) e o OP Criança – nossos inéditos viáveis – têm muito a fruir e se deliciar deste grande reservatório de esperança e sonhos. Obrigado César.

***Félix Sánchez** é coordenador do orçamento participativo da cidade de São Paulo e um dos idealizadores do OP Criança.*

PEDAGOGIA DA VIDA COTIDIANA E PARTICIPAÇÃO CIDADÃ

Introdução

No hay medida
que pueda abarcar
todo lo que se vuelve posible
para la gente
*que se ha puesto a poder**

MARIO BENEDETTI, *Primavera con una esquina rota*

Este livro começou a "desenhar-se" há muitos anos em meus desejos, em meus pensamentos.

A ser escrito, neste momento, no espaço-tempo do início de 2004, que se anuncia promissor.

Eis a explicação.

Martin Luther King dizia: "Eu tive um sonho...".

"Imagine...", cantava John Lennon.

Há anos sonho com utopias entendidas como inéditos-viáveis. Aquilo que não foi dito, mas que, se a maioria dos seres humanos se puser a, organizada e cientificamente, desejar, expressar e pôr em prática, pode ser viável, pode transformar-se em realidade.

Consegui realizar algumas dessas utopias. Outras, ainda não. Talvez não as realize nunca, mas elas me acompanham pelo caminho.

Algumas são simples. Outras, mais complicadas. Estão presentes nos quatro âmbitos de minha vida: o íntimo, o privado, o familiar e o profissional.

Algumas vinculam os quatro âmbitos, devido à força de vida que prometem, que lhes é inerente. Devido à coerência e ao apoio que representam para esses âmbitos, no fundo sempre conectados.

---

* Não existe medida / capaz de abarcar / tudo o que se torna possível / para as pessoas / que se dispuseram a conseguir.

Entre as utopias profissionais, a mais importante, aquela a que mais dedico e empenho meu sério jogo de sedução, amor e paixão, como ser humano e como educador social, é a de conseguir apoiar, com minhas simples propostas de anteprojetos, espaço-tempos, realidades concretas de Democracia Participativa, baseadas em uma participação cidadã intergeracional, em cumplicidade, com a máxima credibilidade e compromisso, sem nenhum tipo de discriminação de idade, cultura, raça, ideologia...

Uma participação cidadã em atividades culturais, educativas..., mas essencialmente na elaboração das políticas públicas, no planejamento e na gestão de seus espaços, de seus bairros e cidades.

E um detalhe essencial: uma participação cidadã como um elemento, não só necessário, conveniente, progressista..., mas *imprescindível*.

Mais tarde explicarei os motivos que me levam a dizer "imprescindível".

Eu sabia que a realização dessa utopia exigiria um apoio firme, uma aposta decidida de um grupo cidadão consistente e forte, ou seja, de um grupo cidadão que fosse intergeracional (com todas as idades presentes); em que estivesse representada a cidadania global (cidadania associada, não-associada, técnico-profissional e política).

Não seria fácil. Mas não impossível. Esse é o valor da utopia inédito-viável: potencializa a esperança, a credibilidade. E a paixão como motor de ambas.

Encontrava-me em meu sonho utópico, quando de Porto Alegre, de seu Fórum Social Mundial, surge outro sonho, outra esperança crível. Outra paixão: "Outro mundo é possível".

A partir desse momento, desejei juntar os dois sonhos. E apoiá-los em cumplicidade.

Desejei também vincular-me com o país de origem, o Brasil.

A vida sábia permitiu que eu o fizesse.

Uma série de casualidades, de "co-incidências", que Milan Kundera descreve tão bem em seu livro *A insustentável leveza do ser*, facilitaram-me o fato de poder estar, neste momento de minha vida, "co-laborando" com a Prefeitura de São Paulo, em sua Secretaria Municipal de Educação e sua Coordenadoria do Orçamento Participativo, em duas utopias, já em transformação, baseadas em meu sonho utópico, totalmente relacionadas com ele: os Centros Educacionais Unificados (CEUs) e o Orçamento Participativo Criança (OP Criança).

E foi a partir dessa co-laboração que surgiu a necessidade de escrever este livro. Livro que intitulei *Pedagogia da Vida Cotidiana e participação cidadã: CEUs e OP Criança* por uma razão: desejo com esse título evidenciar a pedagogia (*Pedagogia da Vida Cotidiana*) e a metodologia de intervenção socioeducativa (*ser humano: ser desejante, de sete lingua-*

gens...; o pôr-se em situação, o tomar como significativo) e de participação cidadã (o *"DESDE-COM", os nove "cês"...*) que ela provoca (os conceitos entre parênteses são explicados nos capítulos seguintes).

E evidenciar também a importância de estabelecer uma tripla conexão:

a) A de cada uma delas (a pedagogia e suas metodologias de intervenção socioeducativa e de participação cidadã), com uma realidade forte por suas propostas iniciais, por seus objetivos.

- A Pedagogia da Vida Cotidiana e sua metodologia de intervenção socioeducativa estão essencialmente ligadas aos CEUs (e também ao OP Criança)
- A Pedagogia da Vida Cotidiana e sua metodologia de participação cidadã estão essencialmente ligadas ao OP Criança (e também aos CEUs).

b) A conexão das quatro entre si:

PEDAGOGIA DA VIDA COTIDIANA
Metodologia de intervenção socioeducativa
↕
CEUs
↕
PEDAGOGIA DA VIDA COTIDIANA
Metodologia de participação cidadã
"DESDE-COM"
↕
OP CRIANÇA

c) A das quatro com seus entornos mais imediatos e mais distantes.

PEDAGOGIA DA VIDA COTIDIANA ↔ Famílias
Metodologia de intervenção socioeducativa
↕
CEUs ↔ Comunidade /bairro
↕
PEDAGOGIA DA VIDA COTIDIANA ↔ Subprefeituras
Metodologia de participação cidadã
"DESDE-COM" São Paulo
↕
OP CRIANÇA ↔ Mundo

Em outras palavras, sugerir, já a partir do título, a profunda *simbiose* que o conteúdo do livro tentará explicar e possibilitar aos protagonistas dos CEUs, do OP Criança e também a qualquer cidadã ou cidadão interessado em potencializar a participação cidadã.

Tenho certeza de que são precisamente essas simbioses-comunicações-relações-conexões entre todas essas realidades que permitirão sua consolidação e poderão suscitar a mudança social necessária para tornar realidade a ainda esperança desse "outro mundo possível".

Gostaria de ter tido um prazo maior de tempo para poder aprofundar mais o conteúdo deste livro e fornecer o apoio que essas duas apaixonantes utopias merecem. Entendo, porém, que na vida há conjunturas em que o trem passa uma vez e não volta a passar. A estação fecha e a via se transforma em via morta.

Nessas ocasiões (essa é uma das características de certas utopias), é preciso pegar o trem andando, se preciso, com uma margem maior de risco. E eu decidi tomar o trem, ou seja, escrever este livro, embora tenha de pedir desculpas às leitoras e leitores por essa "pressa".

Essa co-incidência de sonhos utópicos não foi a única causa.

A partir de minhas várias viagens a São Paulo, das diversas atividades, fundamentalmente de formação, nas quais estou colaborando e com as quais estou apreendendo (como dizia Paulo Freire), isto é, incorporando atividades, cultura, pedagogia, idéias, mas sobretudo vida, sentimentos, atitudes, pude conhecer ao vivo e em cores os CEUs e o OP Criança.

Pude conhecer suas crianças e adolescentes, vivos, fortes, inquietos, conscientes, críticos, desejantes, criativos, lúdicos. Ou seja, belos, humana e fisicamente.

Suas crianças e adolescentes, surpreendidos e "contaminados" ante a irrupção, a provocação, que os CEUs e o OP Criança supõem a partir de suas propostas, de seus objetivos primeiros, sua arquitetura, suas cores, suas infra-estruturas, suas atividades...

Seus profissionais, protagonistas imprescindíveis em cumplicidade com as crianças e adolescentes com os quais con-vivem na vida cotidiana, no "dia-a-dia" de suas salas de aula, corredores, comunidades, bairros... no desenvolvimento gradativo, sem pressa, mas também sem pausa, e na realização dessas duas utopias.

E seus políticos responsáveis, a partir de seu empenho, sua aposta e dedicação para tentar garantir (em cumplicidade com toda a cidadania implicada direta ou indiretamente nos CEUs e no OP Criança) a transformação de tais utopias em realidade consolidada, realidade de vida educativa, sociopolítica (não só arquitetônica, física, organizativa...).

E foram eles, em conjunto – a partir de seu acolhimento, de seu alto nível de escuta, de suas críticas, seus sentires e saberes, seus desejos de apreender, de transformar suas comunidades, suas escolas, suas instituições em geral, seu sistema educacional, seus bairros, suas cidades e, em conseqüência, seu país, o mundo – que me animaram a concretizar este livro.

Desejo que sua leitura serena, especialmente pelos profissionais ligados às crianças e adolescentes do OP Criança e dos CEUs, seja útil para consolidar uma melhoria na qualidade da ação socioeducativa, que já vem sendo realizada e, por que não?, para criar, de forma dinâmica, um novo estilo educativo que atenda aos desejos e interesses profundos dessas crianças e adolescentes e dos profissionais que, junto com eles, protagonizam o desenvolvimento dessas duas profundas e apaixonantes utopias paulistas, brasileiras, que espero poder ver realizadas em outras cidades, em outros países.

Desejo que a pedagogia aqui adotada, a *Pedagogia da Vida Cotidiana*, possa servir de quadro de reflexão científico, não apenas teórico, e conseqüentemente apóie também toda a vida em relação entre os profissionais e a infância-adolescência do OP Criança, dos CEUs e das Unidades de Ensino da Prefeitura (UEs) toda a "con-vivência" que irá acontecendo no âmbito de intervenção da vida cotidiana, da soma de dias, horas, instantes, momentos triviais, pequenos, latentes, pelos quais fundamentalmente passa, passará, a vida dos seres humanos que configuram cada CEU e sua comunidade próxima e de cada grupo de OP Criança que neles se inserem.

Nesse sentido, sugiro, sobretudo, a leitura dos capítulos que definem a Pedagogia da Vida Cotidiana e seus conceitos-ferramenta e o que explica amplamente a metodologia de intervenção socioeducativa e de participação cidadã que essa pedagogia suscita: o "DESDE-COM".

Espero que a leitura aprofundada deste livro seja útil a qualquer pessoa, de qualquer lugar do mundo (não apenas de São Paulo, não apenas ligada ao OP Criança, aos CEUs e UEs) que *deseje saber o essencial de toda atividade relacionada com o fortalecimento da participação cidadã*. Que deseje saber *COMO SE FAZ, como se pode potencializar essa participação*.

Às vezes, é mais ou menos fácil saber que tipo de planejamento, que tipo de atividades, de propostas de anteprojetos devem ser apresentados. A dificuldade surge no momento de decidir como se transfere a idéia, a letra, o documento, o desejo de concretizar, de potencializar a participação cidadã, para a realidade da vida cotidiana, o "dia-a-dia" das instituições, das ruas, dos bairros, das cidades e, finalmente, do mundo.

Este livro, sua leitura, insisto, profunda (que permita compreender, apreender seu conteúdo, essencialmente latente, o que subjaz a cada capítulo e, evidentemente, o conteúdo patente) pouco a pouco traz os conceitos-ferramenta, as metodologias... sintetizados em duas palavras: DESDE-COM.

Palavras que sugerem o "COMO SE DEVE FAZER".

Este "como se deve fazer" é fruto de muitos anos de informação-formação-reflexão-pesquisa-ação sobre a vida cotidiana, sobre o ser humano social e sobre ambos em relação, participando, "participando-se".

Nada do que sugiro, nenhum conceito-ferramenta, é algo teórico, não transferido para a realidade e verificado a partir dela, nela, junto dela.

Não me parece ético sugerir técnicas, metodologias, uma pedagogia, a Pedagogia da Vida Cotidiana, sem antes tê-las comprovado e confrontado com a realidade, constatando que elas efetivamente são úteis para mim.

Sugiro que cada leitora ou leitor, a partir desta proposta de "como *se deve* fazer", de como se deve potencializar a participação cidadã intergeracional na vida social, na elaboração das políticas públicas, no planejamento e na gestão de suas cidades, desejando essencialmente a participação da cidadania mais "primordial", mais "fresca", mais criativa, mais provocadora de mudança, a infância-adolescência, se pergunte:

- o que *pode fazer*
- o que *quer fazer*
- o que *decide fazer*
- o que *faz*.

Resumindo. A leitora ou o leitor que deseje saber, apreender, o "como se faz" deve ler pausadamente, profundamente, tentando captar o significado profundo, o significado latente, de tudo o que ler nos capítulos deste livro, mais sobretudo os tópicos que falam de:

- O que é, o que deve ser a vida cotidiana.
- O que é a Pedagogia da Vida Cotidiana.
- Quais são seus conceitos-ferramenta essenciais.
- O que é o "DESDE-COM" como metodologia de intervenção socioeducativa e de participação cidadã que essa pedagogia provoca.
- O ROTEIRO PRÁTICO de apoio à metodologia de intervenção socioeducativa e participativa.

Desejo que este livro potencialize ao máximo um dos processos básicos da mudança social, que permitam alcançar esse "outro mundo possível": o protagonismo infanto-juvenil, a participação das crianças, adolescentes e jovens, em cumplicidade com os adultos, como elemento imprescindível na elaboração de todas as políticas públicas.

Ofereço vários motivos ao longo deste livro, mas adianto um que pode ser a síntese dos outros, sua base:

> *Um mundo melhor para as crianças, adolescentes e jovens é um mundo melhor para todos os seres humanos que com eles convivemos voluntária ou involuntariamente em nosso cotidiano.*

Tanto nos CEUs quanto no OP Criança, seus primeiros protagonistas, juntamente com os profissionais das duas entidades, são crianças e adolescentes; por isso, quando me refiro a eles, às vezes não acrescento "jovens". Apesar disso, o tema global deste livro insiste na relação do adulto com a infância, a adolescência e a juventude, os três níveis de idade.

Essa consideração, obviamente, também é válida para os CEUs e para o OP Criança, por dois motivos:

1. Certos profissionais e a maioria dos voluntários que atuam em suas salas de aula e na equipe da Coordenadoria do OP são jovens. E os que não são jovens em idade, podem trazer sua juventude de sentimentos e de pensamentos, apoiados pela "juventude" dessas duas utopias.
2. O enfoque comunitário dos CEUs, de relação aberta com a comunidade, contempla o desenvolvimento integral da infância, adolescência e juventude em relação com os adultos. Enfoque que se encaixa perfeitamente com a metodologia que sugiro.

Desejo manifestar meu agradecimento à Prefeitura de São Paulo, em especial a sua Secretaria Municipal de Educação e à Coordenadoria do Orçamento Participativo, pela oportunidade de dar minha modesta colaboração, que me permitiu escrever este livro e, desse modo, viver o conseqüente sentimento de orgulho, de prazer pessoal e profissional que essa oportunidade me provoca.

Agradeço também à Prefeitura de Barcelona, a sua Coordenadoria de Participação Cidadã, Solidariedade e Cooperação, a sua Diretoria de Participação Cidadã, da qual sou técnico, pelas facilidades que me possibilitaram no momento de escrevê-lo.

Desejo, por fim, agradecer o apoio, a acolhida que recebi das equipes do Instituto Paulo Freire e do Conselho Municipal dos Direitos da Criança e do Adolescente.

Paulo Freire sempre foi para mim um grande mestre, um ponto de referência em minha vida humana e profissional.

E desejo, finalmente, que a leitura deste livro, seu espaço, seja um início, não um fim.

Que sua leitura seja sentida, seja vivida, não como algo fechado, definitivo, concluído, mas como algo aberto, criticável, modificável, utópico-viável, realizável.

Mas utópico-viável, realizável, possível, em conexão, em cumplicidade, em rede, em colaboração, com compromisso.

Por isso forneço em seguida meu endereço eletrônico e postal (para não marginalizar as pessoas que não tenham acesso à internet), e sugiro aos leitores e leitoras, este é meu último desejo, que me enviem críticas e sugestões sobre seu conteúdo. Críticas e sugestões que me permitam melhorar a qualidade de minhas ações socioeducativas: os cursos de formação, as propostas de anteprojetos, o próximo livro...

Meu e-mail: cesarmunoz@inicia.es

Meu endereço:

C. Santi Jordi, n. 11

08182 Sant Feliu de Codines

Barcelona – Espanha

Mais uma pequena referência. Se quiserem estudar mais a fundo o que é a Pedagogia da Vida Cotidiana, sua metodologia, o estilo educativo e de participação cidadã que provoca (em geral, não apenas de infância-adolescência e juventude), sugiro também a todos os leitores e leitoras deste livro que leiam o livro que escrevi há alguns meses: *Vivir, educar: desde la seducción, el amor, la pasión* (Viver, educar: a partir da sedução, do amor, da paixão).

É um livro que não está à venda. É um presente. Há vários exemplares na Secretaria Municipal de Educação de São Paulo, na Coordenadoria do Orçamento Participativo, no Instituto Paulo Freire...

Além disso, pode-se baixá-lo na internet, acessando http://www.bcn-associacions.org/cipiaj

Agradeço antecipadamente a todos os leitores e leitoras por sua colaboração.

E como idéia final, antes de concluir esta introdução, um último desejo.

Ao longo destas primeiras linhas, repeti inúmeras vezes a palavra utopia.

Considero que o livro em si apresenta uma utopia inédito-viável e deseja apoiar outras duas: os CEUs e o OP Criança.

Por isso, neste espaço-tempo de leitura que vai nos introduzindo neste primeiro "para além" do livro e sobretudo, esperamos, neste outro "para além possível". Conseqüentemente, não posso terminar este capítulo sem destacar várias idéias sobre o sério jogo de sedução, amor e paixão que deve apoiar toda utopia, um jogo que já mencionei no início desta introdução.

E o faço recorrendo a idéias que me pareceram fortes, vivas, lidas em um livro que sugiro na bibliografia (assinalado com um asterisco, como todos cuja leitura é essencial): *Utopia e paixão: a política do cotidiano*, dos autores brasileiros Roberto Freire e Fausto Brito.

> *Todas as paixões são utópicas, tanto no sentido clássico quanto no que acabamos de expressar. Por outro lado, as utopias são sempre fruto de intensas paixões.*
>
> *Cremos que Eros se manifesta nas pessoas através de três estados emocionais (...) a sedução, o amor e a paixão. (...) O objetivo, nas três situações, também é o mesmo: a realização do prazer de viver.*
>
> *A sedução é um jogo do encantamento de estar vivo e poder despertar (encantar) vida nova nos demais.*
>
> *Pode-se dizer o mesmo da paixão. Não podemos aprender a nos apaixonar, o que já nascemos sabendo, mas é preciso aprender a se deixar apaixonar.*
>
> *(...) a paixão tem muito a ver com a liberdade (...).*
>
> *(...) a sedução e a paixão são criações do ser humano, formas que ele inventa individualmente, para que ame mais e melhor tudo o que tem direito (...)*
>
> *(...) Por isso todo enamoramento é fruto da paixão de viver, de viver mais intensa e prazerosamente a vida (...)*
>
> *(...) Queremos concluir, de modo taxativo, que estar vivo não nos distingue radicalmente dos mortos; mas estar apaixonado, sim.*
>
> *A paixão, vista dessa forma, é um instrumento de ação política que inclui todo o ato de viver, inclusive o amor.*

E outras idéias que eu sugiro.

Para viver, para realizar uma utopia, creio que é necessário propor-se este processo:

- imaginá-la, sonhá-la
- ir desenhando-a
- concretizá-la sozinho
- acreditar nela
- apresentá-la em equipe
- consolidá-la
- apresentá-la socialmente em equipe
- empenhar-se para que seja possível

- realizar as correções que a vida apontar
- evitar as correções sugeridas pelas armadilhas sociais
- realizá-la
- tentar fazer com que outros a realizem
- ir criando a seguinte
- tentar conciliar, pôr em relação, utopias íntimas, privadas, familiares e profissionais.

Desejo a vocês uma viva, serena, sentida, prática... leitura.

César Muñoz

CAPÍTULO 1

OUTRO MUNDO POSSÍVEL: A REALIDADE. A ALTERNATIVA

Davos? Porto Alegre?

Fórum Econômico Mundial? Fórum Social Mundial? Globalização neoliberal capitalista? Globalização alternativa, alterglobalização?

Se, como cidadãos, as leitoras ou leitores deste livro desejam potencializar a participação cidadã, é importante que evidenciem quais são as estruturas sociais organizadas em nível mundial que irão dificultar sua intervenção, que estão relacionadas com a não-participação cidadã, com uma visão no mínimo não positiva, do que deve ser uma sociedade democrática com um enfoque de Democracia Participativa desejado e iniciado com uma aparente Democracia Representativa.

Digo aparente porque a meu ver a democracia não existe em nível mundial. Por diversas causas impossíveis de explicar neste capítulo. Mas fundamentalmente por uma: não haverá democracia (predomínio do povo no governo político de um Estado) enquanto todo o povo não estiver representado.

No próximo capítulo mostrarei como a infância, a adolescência e a juventude mundial, que constituem entre 30% e 50% de cada povo, de cada cidade, de cada país, não estão representadas.

Essa inexistência de Democracia é uma das dificuldades. Mas existem outras.

Apresento mais duas. Esclareço que são fruto de pesquisas simples que fui realizando a partir de minha prática pessoal-profissional, em função das contradições que vivi, das mentiras sociais que descobri, dos obstáculos que tive de superar pouco a pouco e, sobretudo, dos sentimentos-pensamentos-vivências que o viver e o viver trabalhando na sociedade foram provocando em mim, aos quais tentei dar resposta, não apenas com a queixa e a crítica, mas principalmente com a busca de alternativas.

Sinto e penso que existem duas organizações (de fato é uma organização que se apóia em vários espaços) planejadas com muita inteligência pelo *parâmetro que governa o mundo: o parâmetro do homem-branco-adulto.*

Esse parâmetro, em seu desejo de se perpetuar no poder, organiza um mundo baseado em *"necessidades e problemas"* e *neles, imprescindíveis*, como responsáveis para fornecer à população, aos habitantes em geral, a solução de tais necessidades e problemas.

Uma população que nunca é considerada no fundo como cidadã, nunca é desejada como cidadã. Uma população que é desejada como habitante, paciente, cliente, usuária, administrada, beneficiária dos serviços que os responsáveis por sua organização, o parâmetro "homem-branco-adulto", planejam, para, como eu disse, se perpetuar no poder.

A)A primeira organização é a de uma sociedade dividida basicamente em duas:

a)A sociedade marginalizada cliente, paciente, usuária... dos serviços sociais, a sociedade protegida, a sociedade com grandes necessidades e problemas.

b)A sociedade não-marginalizada, usuária, beneficiária dos teatros, museus, centros de lazer, espetáculos musicais... com uma situação de necessidades e problemas inferior ou aparentemente nula.

Considera-se que a sociedade marginalizada pede. A não-marginalizada, no melhor dos casos, oferece, organiza atividades para a marginalizada.

Não se costuma valorizar o potencial humano, social, do marginalizado; em geral não se oferecem a ele instituições, serviços alternativos... e, quando estes são oferecidos, comumente é a partir de sua condição de marginalizados.

Evidentemente, estou simplificando a situação. Não nego que existam profissionais, administrações, políticas que estão na linha da alternativa que vou oferecer ou de outra ainda mais forte.

Minha intenção é suscitar uma visão do que não funciona majoritariamente em nível mundial, da organização geral enganosa em que, sobretudo as profissionais e os profissionais do trabalho sócio-educativo-político, nos encontramos diariamente.

Organização que em geral não se questiona nem pergunta quem provoca essa marginalização, quem é realmente o marginalizado, quem marginaliza quem, o que é essencialmente a marginalização, se, para ser e se sentir cidadão, devido ao tipo de sociedade existente, não deve sentir-se, desejar-se, um certo sentimento de marginalização, ser no fundo um pouco não-adaptado...

A alternativa que ofereço é a de ir transformando os Serviços Sociais e seus equipamentos em outros que eu chamaria Centros, Lugares, Espaços de Encontro, Gestão e Participação cidadã, aos quais toda a população pudesse ter acesso, alguns para pedir (e ao mesmo tempo para oferecer alguns de seus potenciais), outros para oferecer (e talvez em algum momento também para pedir) não como pacientes, usuários, beneficiários, clientes... mas como co-participante no processo de mudança, de melhoria de sua vida, de sua família, comunidade, bairro, cidade, país... do mundo.

Centros, lugares, espaços... em que a cidadania, além de apresentar suas necessidades e problemas, intervenha, participe, colabore com seus *desejos e interesses*, com seus potenciais, em um empenho, com uma vontade de mudança individual e social.

B) Divido a segunda organização em dois esquemas, de modo a tentar evidenciar como, partindo da organização anterior, de uma sociedade baseada em necessidades e problemas, fundamentalmente do setor considerado como marginalizado, esse parâmetro do "homem-branco-adulto" ocupa, se situa, em três espaços sociais importantes, eixos da dinâmica social: a família, o âmbito profissional e o âmbito dos partidos políticos. O esquema A representa a sociedade, o mundo atual. O esquema B representa a utopia inédito-viável desse "outro mundo possível".

Esquema A

ESPAÇO 1	ESPAÇO 2	ESPAÇO 3
"Mães, pais, adultos"	"Profissionais-adultos"	"Políticos-adultos"
↓	↓	↓
IAJ (infância, adolescência e juventude)	"USUÁRIOS" "clientes" "pacientes", "beneficiários"	SOCIEDADE CIVIL

↓

Relações baseadas em "necessidades e problemas"

↓

trabalham "para" os outros

↓

proteção

↓

apenas proteção = alinhamento

↓

não possui "sentimento de ausência"

↓

a dinâmica é: demanda-resposta

↓

"adultos", "profissionais", "políticos" são os imprescindíveis

↓

não existe o sério jogo de delegação – representação

↓

capitalizam o poder, o saber

Esquema B

ESPAÇO 1	ESPAÇO 2	ESPAÇO 3
Cidadãos "Mães, pais"	Cidadãos Profissionais	Cidadãos Políticos
↓	↓	↓
Cidadãos IAJ (infância, adolescência e juventude)	Cidadãos co-laboradores	Cidadania em geral

↓

Relações baseadas em desejos, interesses e necessidades, problemas

↓

intervêm "desde-com"

↓

proteção, promoção, participação

↓

melhor proteção = promoção-participação

↓

têm "sentimento de ausência"

↓

a dinâmica é: demanda-avaliação
da demanda-estratégia conjunta de ação

↓

IAJ, co-laboradores – sociedade em geral
são os imprescindíveis (sobretudo IAJ)

↓

existe o sério jogo de delegação – representação

↓

o poder e o saber são dinâmicos

Explicação do esquema A

O parâmetro do "homem-branco-adulto", ao longo da história, para perpetuar seu poder e o sentimento na sociedade de que ele e seu parâmetro (representado em cada "homem-branco-adulto") é que são imprescindíveis, muito estrategicamente ocupou e monopolizou três espaços sociais importantes:

- Espaço 1: âmbito da família
- Espaço 2: âmbito profissional
- Espaço 3: âmbito dos partidos políticos.

Em cada espaço, "mães e pais adultos" (espaço 1), "profissionais adultos" (espaço 2) e "políticos adultos" (espaço 3):

- Estabelecem suas *relações*, respectivamente com seus filhos (IAJ), com as pessoas com que trabalham (evidentemente chamados "usuários", "clientes", "pacientes", "beneficiários", "administrados"... e tratados como tais) e com a sociedade civil *a partir de suas necessidades e problemas*, pelos quais prometem se responsabilizar, transmitindo com sua mensagem verbal e com suas atitudes a idéia de que o outro, a outra (IAJ, "usuários"... sociedade civil) têm que confiar neles, esperar que eles, os que ocupam o poder, os imprescindíveis, solucionem seus problemas e respondam a suas necessidades.

Em conseqüência, deixam claro que trabalham *"para"* eles (enfoque evidentemente benéfico-paternalista, paralisante...). Logicamente, com uma atitude e uma ação única de *proteção*, conscientes de que um ser humano meramente protegido é um ser humano *alienado, parado*, não criador de conflitos, *obediente, dependente* e "sempre agradecido", diz que vai solucionar seus problemas, atender a suas necessidades.

Evidentemente, o "homem-branco-adulto" (que se considera imprescindível, que diz que solucionará os problemas dos outros, que os protege, que pensa e trabalha "para" eles), enquanto vai trabalhando e organizando as ações destinadas a proteger os outros, nunca sentirá o *sentimento de ausência*. Em outras palavras, nunca lhe ocorrerá pensar que é preciso planejar as atividades destinadas a atender aos problemas e necessidades de outras pessoas, ao lado delas.

Entre outras razões, porque, dessa forma, é sentando-se com os seres humanos portadores dos problemas e necessidades que o "homem-branco-adulto" poderia atendê-los de forma adequada, ajustar as respostas, avaliar as demandas... Não o fará, pois não sente a falta da outra parte, que deveria ser a primeira protagonista.

Ele se limitará a estabelecer um jogo frio e distante, uma nula e aparente relação de *demanda-resposta*: você me pede, eu digo a você que vou lhe dar, então espere a minha resposta. Resposta que, certamente, em geral não vem. E que, quando chega, costuma responder mais a interesses do "homem-branco-adulto" que lhes "dá" que aos interesses de quem solicita. Enquanto isso, esse é o objetivo, o *"homem-branco-adulto"* continua sendo *o imprescindível.*

Em conseqüência, até mesmo em espaços chamados democráticos, em países declarados democráticos, *não existe o sério jogo de delegação-representação*. Os delegados são consultados nas urnas a cada tantos anos (quatro, cinco... de acordo com cada país) pelos representantes dos partidos políticos, que desejam, e quase sempre conseguem, que os delegados votem, deleguem o seu voto e se esqueçam do que votaram, embora se lembrem em quem votaram para que possam assim novamente dar a eles o seu voto.

Nada melhor que continuar a manter este sentimento, esta idéia: "você precisa de mim. Eu sou imprescindível, pois sou eu que atendo a suas necessidades e resolvo seus problemas. Continue a votar em mim".

Surge o desencanto, o desânimo, a falta de credibilidade no "parâmetro" e, no melhor dos casos, a busca de alternativas, que o "homem-branco-adulto" logo se encarregará de tentar anular, a partir de seus diferentes e estratégicos espaços institucionais: família, âmbito profissional (essencialmente socioeducativo) e âmbito dos partidos políticos.

Não por acaso, o parâmetro se encarregou de *capitalizar o poder e o saber*. E digo não por acaso, porque o fazem com uma estratégia mundial inteligente, sutil e muito bem organizada.

Eles, os que se sentem imprescindíveis, embora não o sejam, embora invertam os termos (os imprescindíveis são os outros), tentam e quase sempre conseguem fazer com que a sociedade civil os sinta, os viva, como tais, como imprescindíveis, ou no mínimo aja como se o fossem a partir de um desencanto generalizado e de uma descrença total na utopia inédito-viável...

O tipo de "homens-brancos-adultos" que confirmam o "parâmetro" responsável pelo tipo de sociedade mundial que temos hoje é o seguinte: são "adultos, crianças mal-educadas" que, quando chegam à idade adulta, esquecem, negam, traem a sua infância e a infância em geral. Esquecem e traem seu processo da infância à idade adulta, e o processo de outros seres humanos.

Com isso, repetem, reproduzem o sistema educativo e político que exerceram sobre eles, quando eram crianças, os adultos-parâmetros daquele momento. São adultos que tratam os que ainda não chegaram à idade adulta como os "ainda não", já que eles se sentem, se pensam, se dizem como os que autenticamente são, sabem e podem.

Os "ainda não" (crianças, adolescentes e jovens) não são, não sabem, não podem. Serão, saberão e poderão quando chegarem à idade adulta. Quando chegarem a ser como eles.

Eis aí a série de mentiras, socioeducativas e políticas, que organizam e tratam de fazer com que sejam cumpridas no tempo, até mesmo a partir da linguagem. Cito vários exemplos-evidências:

– A palavra *infância* vem do latim *infalere* que significa: "o que não fala".

Ao que me consta, e creio que isso é evidente, as crianças falam muito e falam bem (também certos adultos). O que acontece é que a sociedade de que falamos, seu parâmetro organizador, não lhe possibilita plataformas.

Em contrapartida, não hesita em oferecer a seus adultos: partidos políticos, corporações profissionais, associações, sindicatos...

– Costuma-se insistir na expressão de que a *infância, adolescência e juventude* de um povo, de uma cidade, de um país, do mundo são "o futuro".

É mentira. É mentira, na medida em que se diz que são apenas o futuro. *Nunca serão o futuro se não são* ANTES *presente.*

– Até novembro de 1989, quando se assinou a Convenção Internacional dos Direitos da Criança, que reconheceu a criança como um ser humano de plenos direitos e capacidades para exercê-los, TODAS as leis mundiais sobre infância existentes até então consideravam a criança como um "ainda não": "ainda não pode", "ainda não sabe"...

– Utiliza-se muito a expressão "menor" em referência à criança, como diferenciação do adulto que é o "maior". Mensagem sutil. Menor, menos...

– É comum dizer a um adulto, ante uma conduta incorreta, imatura, inoportuna: "não seja infantil".

A infância como referência do in-correto, i-maturo, in-oportuno. Ou seja, do "in-", do não.

– A palavra adolescência indica uma idade que "vem depois da infância" e "transcorre" desde a puberdade até o completo desenvolvimento do organismo. Outra idade do "ainda não".

As coisas já devem estar bem claras.

Mas se ainda não estão, "ainda sim" há outra idade: a juventude.

Sobre ela também se organiza uma mentira: a juventude é a época da transição.

Não é mentira que a juventude seja uma época de transição. O que é mentira é que só ela esteja em transição. Em transição estamos todos, todas, enquanto não morrermos.

O adulto está em transição para a velhice, a ancianidade, para a chamada terceira idade.

Não nos enganemos, porém. A mensagem continua clara. Só está em transição aquele que ainda não chegou à idade que "é": a idade adulta.

As crianças, adolescentes e jovens são "futuro", "transição", "ainda não", até que chegam a ser adultos, ou seja, presentes, "agora sim".

Com essa série de mentiras organizadas, o parâmetro organizador trata de fazer com que se sinta, se ouça, se veja que é ele que é.

Os outros estão como que na "sala de espera" do ser, do ser adulto.

E os idosos, já aposentados, estão situados em outra sala de espera: a da morte.

Esta sociedade, assim organizada, não chama as crianças, adolescentes e jovens, nem os velhos. Não deseja sua participação.

O mais grave, porém, é que não evidencia que este não desejá-los, não convocá-los, provoca uma sociedade privada do grande capital socioeducativo e político que têm as crianças, adolescentes e jovens como portadores de idéias frescas, novas, capazes de provocar a mudança, e os idosos como transmissores de um saber, um saber acumulado, prenhe de vivências, de experiências.

Nos próximos capítulos insistirei nesses temas, a partir de diferentes contextos, pois é importante que as leitoras ou os leitores, seres humanos interessados em potencializar a participação cidadã, tenham consciência ou, caso já a possuam, se lembrem das mentiras sociais, das estruturas sociais organizadas negativamente, em que uma visão não-participativa, não-cidadã, dificulta a cada dia sua vida, seu trabalho, seu empenho de produzir mudança social.

Não é suficiente a evidência, a denúncia do que não funciona. Não basta queixar-se.

Precisamos nos queixar do que não funciona, mas paralelamente precisamos produzir, criar, apresentar uma alternativa, optar pelo desafio, pela utopia, pelo risco inteligente, pela vertigem, que tão bem descreve Kundera em seu *A insustentável leveza do ser*.

Para ser coerente com o que acabo de escrever, ofereço uma organização de sociedade alternativa.

Explicação do esquema B

Os adultos, homens e mulheres, as crianças, adolescentes e jovens, os idosos mulheres ou homens, brancos, negros, sem nenhum tipo de exclusão, em decorrência de idade, raça, cultura, situação econômica... em cumplicidade, em colaboração, acreditando uns nos outros, necessitando uns dos outros, considerando cada um como imprescindível... serão, desejo que sejam em minha alternativa, os autênticos protagonistas de uma organização social empenhada em realizar a utopia inédito-viável de outro mundo possível.

Em cada espaço, 1, 2 e 3, todos, sentindo-se cidadãos e cidadãs e sentindo que os outros os tratam como tais, apresentam suas *relações*:

- como mães e pais com seus filhos e filhas;
- como profissionais com seus *co-laboradores*;
- como políticas e políticos de partido com a cidadania em geral

a partir dos desejos e interesses, antes de tudo, e evidentemente também a partir das *necessidades e dos problemas*.

Tanto os pais como os profissionais, os políticos, intervêm não "para" a cidadania, mas "DESDE" ela, desde seus desejos, interesses, críticas, sugestões, necessidades problemas... "COM" o apoio de seus desejos, interesses, críticas...

Intervêm com esse enfoque "DESDE-COM" (que é explicado no capítulo mais longo do livro, dada sua importância básica) porque têm consciência de que a *informação imprescindível* sobre o que a cidadania em geral deseja, necessita, sonha, sobre suas ruas, seus povos, suas cidades, suas instituições... *quem a tem é a cidadania de base, "a pé", a que vive os espaços cotidianos, a que irrompe nos espaços públicos e deseja fazê-los seus em colaboração, a que participa nas instituições socioeducativas e políticas, a que, em suma, dá sentido ao trânsito dos seres humanos pelas "artérias" por onde passa a vida: as ruas, as praças de um bairro, de uma comunidade, de uma cidade.*

Evidentemente, na rede de relações que irão configurando, privilegiarão a promoção e a participação de suas filhas, filhos, colaboradores e da cidadania em geral, sem esquecer, quando necessário, a proteção deles.

Mas, sendo muito conscientes, e tentando transmitir essa consciência (Paulo Freire falava de "conscientização") de que *a melhor forma de proteger* um ser humano *é potencializando* (junto com ele, sua colaboração e cumplicidade com ele e dele com os outros) *sua promoção e sua participação.*

Todo o processo de organização que se vai criando evidencia que, desde o início, os cidadãos que assumiram, no âmbito familiar, profissional ou de partido político, a responsabilidade de ser pontos de referência na ação socioeducativa e política (poderíamos dizer tão-somente política, no sentido profundo dessa palavra) *sentem*, desculpem-me pela redundância, *o sentimento de ausência*, provocado pela evidência de que são os outros (filhos, filhas, colaboradores, cidadania em geral) os que têm, como já afirmei linhas atrás, a informação imprescindível (não só importante, necessária, conveniente...).

Conseqüentemente, a dinâmica que se estabelecerá entre ambos será de:

- Demanda
- Avaliação mútua da demanda
- Estratégia conjunta de ação.

Essa dinâmica parte de todo o *novo estilo organizativo, socioeducativo e político que apresenta, do princípio ao fim, esta alternativa. Deixa claro quem são considerados imprescindíveis, no "dia-a-dia" no momento de planejar todas as políticas públicas. No momento de planejar os espaços públicos. No momento de planejar e governar seus bairros, comunidades e cidades.*

Os imprescindíveis são a cidadania infância, adolescência e juventude, a cidadania colaboradora, em suma, a cidadania global.

Logicamente, o desencanto, a desilusão, o desânimo, a falta de credibilidade nos outros, essencialmente nos que representam o maior poder, os políticos de partidos, e, o que é mais grave, a falta de credibilidade em si mesmo, em si mesma, nos iguais, próprias da sociedade do esquema A, dá lugar a uma dinâmica social participativa, em que se sente o orgulho de ser cidadão, de viver e trabalhar em e por sua cidade, se potencializa a credibilidade de cada cidadão e de cada cidadã em si mesmos e nos outros, surge o desejo de cumplicidade, de colaboração, entre a cidadania global (associada, não-associada, técnica e política) e conseqüentemente pouco a pouco se configura um cidadão soberano a partir de sua consciência da capacidade de participar e de transformar, vai se tornando realidade o pensamento de Benedetti que inicia este livro:

Não há medida
capaz de abarcar
tudo o que se torna possível
para quem
se dispôs a conseguir.

E como se "dispõem a conseguir", *certamente existe o sério jogo de delegação-representação*, realizando, os que delegam, um acompanhamento de seu voto. A partir de um enfoque de Democracia Participativa, em apoio à Democracia Representativa.

O poder e o saber são dinâmicos, circulam, rendem, são a soma do máximo de saberes e poderes. Todos aprendem de todos, como dizia Paulo Freire.

A partir dessa sociedade alternativa é que podemos dizer que existe democracia, a partir de uma participação cidadã intergeracional, global, que não esqueça ninguém.

Seria o final do "tudo para a criança, mas sem a criança", do "tudo para o povo, mas sem o povo".

Antes de concluir este capítulo, quero fazer algumas breves sugestões:

■ Escrevi "políticos de partido" e não apenas "políticos". A razão é que, para mim, e para qualquer pessoa democrática, a política não é feita pelos partidos políticos, não se refere a partidos políticos.

A política diz respeito à cidadania global, intergeracional, à soma de desejos, idéias, sugestões, críticas... dessa cidadania.

A política vai sendo feita a cada dia, na vida cotidiana, no con-viver, pela cidadania global.

Os partidos políticos, como representantes da cidadania, como técnicos da política, têm o dever e a obrigação de levá-la em conta; e como porta-vozes responsáveis da cidadania, precisam ir concretizando-a em ações socioeducativas de todos os tipos, em prol de uma máxima qualidade da vida democrática, tendo o cuidado de evitar que o "erotismo do poder" os faça esquecer os que lhes delegam parte de seu poder.

■ Os leitores e leitoras que desejem transformar em realidade esta alternativa democrática que apresento ou outra melhor, devem sintonizar profundamente, refletir, criticar e, se desejarem, apreender o máximo dos tópicos que irão lendo, especialmente os que fazem referência à Pedagogia da Vida Cotidiana e ao DESDE-COM.

■ Seria importante estar atentos, observar e analisar, ao longo de nossa vida cotidiana em nível íntimo, pessoal, familiar e profissional, as diversas situações em que nos encontramos, compartilhando espaço-tempo com outras pessoas, participando em nosso bairro, em nossa cidade, realizando e apresentando uma proposta de anteprojeto profissional, transformando-a em projeto em colaboração com outras cidades ou cidadãos...

Observar e analisar se a metodologia que nos está apoiando, o tipo de organização que estamos sentindo, pensando e realizando baseia-se no esquema A ou no esquema B. Ou seja, se estamos com o A, perpetuando, consolidando a não-democracia, ou no esquema B, apoiando um enfoque de democracia participativa.

Antes de passar ao próximo capítulo, uma reflexão oportuna:

Vocês viram o cotidiano, o que acontece todo dia.
Mas nós afirmamos: Estranhem o que é estranho.
Tomem por inexplicável o habitual.
Sintam-se perplexos ante o comum.
Não se esqueçam de que o abuso é sempre a regra.
E, sempre que se depararem com o abuso,
tratem de encontrar remédio para ele.

BERTOLT BRECHT, dramaturgo

CAPÍTULO 2

OUTRAS CIDADES POSSÍVEIS: SÃO PAULO...

Grande época desperdiçada
Soube que estavam construindo cidades
Não viajei até elas.
Isso é algo que pertence à estatística, pensava, não à história.
Porque: que são as cidades construídas sem a sabedoria do povo?
BERTOLD BRECHT

Como já disse anteriormente, há algum tempo circula, em nível mundial, desde Porto Alegre, uma mensagem esperançosa: "Outro mundo é possível".

Este livro deseja oferecer – a partir de uma pedagogia, a *Pedagogia da Vida Cotidiana*, e a partir do enfoque que ela possibilita, a metodologia de participação cidadã – um apoio proveniente do âmbito educativo e sociopolítico, um apoio a essa esperança mundial.

Apoio muito concreto, vindo da consciência de que esse "outro mundo possível" jamais será realidade se, antes, não se fizer realidade "outra cidade possível".

Se, antes, não se alcançar um tipo de educação, de intervenção educativa, um tipo de arquitetura, de planejamento de cidades e um tipo de política, de fazer política, diferentes, baseados essencialmente no ser humano, em seus desejos mais profundos, em seus interesses e necessidades na hora de conviver, de viver-com, em seus âmbitos de relação mais próximos: suas casas, suas ruas, seus bairros. Ou seja, suas cidades. Suas "outras cidades possíveis".

Se, antes, não se produzir, ou não se provocar, uma resposta-ação social que o permita. Qual é a resposta social que, acredito, deva ser dada?

Fundamentalmente uma: uma resposta-ação de DEVOLUÇÃO do poder dos partidos políticos à cidadania de base.

E, paralelamente, dê-se ou não esta primeira, uma resposta, uma ação social, a partir da cidadania de base, de REIVINDICAÇÃO E RECUPERAÇÃO do poder perdido.

Estas duas respostas-ações não se darão se não se criarem as circunstâncias, as atitudes, os sentimentos iniciais que possam ser posteriormente concretizados em desejos.

Ou seja, *é essencial que surjam os desejos de devolução, reivindicação e recuperação.*

E, uma vez surgidos, se iniciem, a partir dos partidos políticos e de uma cidadania de base, os processos dos nove "cês" e as seis etapas de todo processo de participação crível, honesto, gerador de mudança social, que explico extensamente nos parágrafos a seguir:

■ Os "cês" de: comunicação, conhecimento, conflito, credibilidade, cumplicidade, colaboração, compromisso, co-responsabilidade, constância.

■ As etapas de: informação, opinião, planejamento, decisão, gestão e avaliação.

Ninguém, nem individualmente, nem tampouco socialmente, em grande escala (e trata-se exatamente disso, sob pena de não haver "outro mundo possível"), devolve poder a ninguém que planeje reivindicá-lo e recuperá-lo se, primeiro, não acredita em si mesmo e depois na outra, no outro.

É só a partir dessa credibilidade que surge a possibilidade de se fazer cúmplice de outros seres humanos fidedignos, para juntos (continuando o processo dos "cês") avançar cotidianamente, sem pressa, mas também sem pausa, em prol da mudança social.

As idéias seguintes podem ajudar no surgimento dos desejos:

■ *Na hora de viver, não há suplentes.* Ninguém pode viver por ninguém. Cada um deve viver sua vida. Essa vida que nos é oferecida, individual e geralmente, socialmente, a cada dia.

Eu sempre disse e, sobretudo, sinto e penso, que *a vida se oferece* (como um bom amante, uma boa amante) *sem pedir nada em troca.*

Cada ser humano, a cada dia, opta por aceitar, atribuir-se, aproveitar essa dádiva ou não. E se não entra para valer no jogo da vida que se oferece, a vida passa e não volta nunca mais.

■ Se determinada pessoa escolhe viver seu cotidiano nessa relação com a vida, podem surgir duas certezas, profundamente enraizadas no sentimento e no pensamento:

- *A primeira cidade de um ser humano* não é São Paulo, Barcelona, Madrid, Tetuan, Sevilha, Buenos Aires... *é seu corpo.*
- *Sua primeira fronteira é a própria pele.*
- *O primeiro espaço* no qual tem de viver, participar, provocar mudança... *é seu próprio interior.*

- *O primeiro motor* de toda a sua atividade vivencial... desde seus âmbitos mais íntimos, privados, familiares e profissionais, é *o desejo*.

■ A tomada de consciência das idéias anteriores é o que pode demonstrar, ao menos é o que espero, que participar como cidadão em vista de alcançar esse "outro mundo possível", é "sentir-se soberano". E, como tal, consciente do próprio poder como ser humano-cidadão, poder expressar os desejos de devolução e reivindicação-recuperação.

Em seguida, indico qual é a minha proposta concreta de "outras cidades possíveis", com base em um *enfoque "glocal"*, isto é, *que leva em conta o global, o mundo, desde o local, desde a cidade.*

E o faço essencialmente a partir da Pedagogia da Vida Cotidiana em conexão, alimentada, por outras ciências, outras artes: arquitetura, teatro, poesia, filosofia, literatura...

Cidades onde seja possível viver e conviver, conversar, senti-las como próprias, dividir, criar, ser diferente, viver a intimidade, exercer o *carpe diem**, desfrutar o silêncio, utilizar, viver, sentir os diferentes espaços, oferecer alternativas a seus problemas.

Cidades onde o ato de educar não seja exclusivamente atribuído à escola, à universidade e à família, mas onde se incorporem como essenciais a comunidade, o tempo livre...

Cidades onde se possam viver os momentos triviais, pequenos, de cada dia, da vida cotidiana, de forma que não passem despercebidos, porque é por eles que passa fundamentalmente a vida e onde, por conseqüência, se pode detectar, gerar e partilhar vida.

Onde falhar, equivocar-se, duvidar, ter medos, angustiar-se sejam considerados elementos normalizadores e elementos que são componentes importantes das etapas de crescimento pessoal.

Cidades onde a liberdade se ajuste à existência de limites, normas e leis lógicas e justas.

Cidades nas quais haja esquinas, portais, lugares retirados... que possam ser vividos quase como próprios, ou próprios em companhia de alguém: nossos.

Onde existam espaços vazios, ainda não preenchidos, com possibilidades de uma utilização a ser levada a cabo pela cidadania.

Cidades onde a informação circule, onde se potencialize o conhecimento horizontal, mais que o vertical; onde a pesquisa, o saber e o poder não estejam separados nem em mãos de determinadas elites.

---

* "Colha o dia", "aproveite o dia" [N. da T.]

Onde a tecnologia não seja um novo foco de exclusão, onde os laboratórios científicos sejam espaços de aprendizagem, não propriedades particulares, de tecnicismo.

Cidades onde se avalie que o fundamental são os diferentes processos, mais que os objetivos, os resultados. E, como é lógico, estes também.

Onde se possam revelar as mentiras sociais existentes e demonstrar, analisar e resolver as de cunho novo que venham a surgir.

Cidades onde se possa recuperar a credibilidade na política e nos políticos e oferecer uma alternativa real.

Onde a esperança cresça.

Onde se configure um governo autenticamente democrático, a partir de um enfoque de democracia radical que conceba a cidadania como aquela que dimana, não do poder estatal, mas do poder da sociedade civil, e por isso insiste na supremacia da sociedade civil em face do Estado.

Uma democracia radical que potencie *cidadãs e cidadãos sem excluir ninguém, não como objetos, mas como sujeitos de direito, com capacidade para exercê-lo (incluindo as crianças, adolescentes e jovens), não como receptores passivos de direitos, mas como sujeitos ativos que autodeterminam seu próprio civismo.*

Por conseqüência, cidades onde a cidadania não seja cliente, paciente, beneficiária, administrada, mas *colaboradora.*

Cidades em cujo desenho, em cujos processos se possa participar desde a base, desde a raiz, quase "do zero", na elaboração de suas políticas, tanto em seus momentos de fracasso como em seus momentos de sucesso.

Mas, sobretudo, acima de tudo, cidades que não cometam o grave erro em que diferentes sociedades, culturas, políticas caíram desde a origem da história: organizar-se, concretizar-se com base em um único parâmetro adulto, o que levou a repetidas sociedades, culturas, políticas adultas, privadas do grande capital humano, social, político, educativo e de conhecimento suposto pelas idéias, críticas, dúvidas da infância, da adolescência e da juventude, que normalmente representam algo entre 30% e 50% da população de cada país, de cada cidade.

Em vista disso, faço uma proposta de "outras cidades possíveis" concreta e possibilista. *Proponho a criação, a potencialização de "outras cidades possíveis" nas quais:*

se incorpore

desde seu início

a partir do zero ou quase do zero

antes que se concluam os desenhos globais ou parciais dessas cidades

de forma IMPRESCINDÍVEL (não apenas conveniente, positiva, necessária progressista, ditada pela moda...)

a voz da infância, da adolescência e da juventude, em cumplicidade, em colaboração com os adultos.

Por razões fundamentais (não únicas):

A) Razões que se referem à infância, à adolescência e à juventude:

- As crianças, adolescentes e jovens têm idéias novas, primeiras, verdes, fruto de sua espontaneidade, de sua capacidade de imaginar e de criar. Nós, os adultos, temos idéias que são fruto de nossa experiência, de nossas memórias e estruturas. *As novas cidades surgiriam da cumplicidade entre esses dois tipos de idéias.*
- *Se as* crianças, adolescentes e jovens *não participam desse desenho, perder-se-ão algo como 30% ou 50% das idéias da cidadania.* Não devemos persistir em ser testemunhas desse esquecimento.
- Essas idéias se perderão irremediavelmente porque nenhum adulto as tem.

Para mim é muito claro que *os adultos* (técnicos e técnicas, políticos e políticas...), por mais capacitados que sejam, que sejamos, em temas de infância, de adolescência e de juventude:

a) não somos a infância, a adolescência nem a juventude
b) não temos muitas de suas idéias
c) não temos sua informação, a menos que elas a ofereçam a nós
d) podemos fazer perguntas inteligentes e respeitosas que nos permitam criar cumplicidade e assim obter essa valiosa informação.

Um importante esclarecimento: quando a infância, a adolescência e a juventude não estão presentes, o dilema não é:

- se têm vontade ou não de estar
- se é necessário que estejam
- se têm ou não algo a dizer.

O problema é que:

- *não se deseja sua presença* quando se está no mundo adulto
- conseqüentemente, *nem se pensa em chamá-las*
- o fato de não estarem presentes não produz o gesto de chamá-las, pois *ninguém detecta* (nem os adultos, nem as crianças, adolescentes e jovens) *os graves efeitos de sua ausência, para eles e para a sociedade em geral.*

B) Razões que se referem à cidadania em geral:

A cidadania, intergeracional, intercultural, diversa, variada, inconsciente ou conscientemente, é quem habita ou vive os espaços públicos e privados, íntimos, familiares, profissionais, em sua vida cotidiana.

Dada sua inconsciência, está restrita a passar por eles, a habitá-los, a estar neles. Ou, por outro lado, dada sua consciência, vive-os, observa-os, atravessa-os, penetra-os, dá-lhes forma, transforma-os.

Não obstante, em ambos os casos, dá-se obrigatoriamente uma relação espaço-tempo entre o ser humano e o espaço.

E esta relação sempre gera dados, mais ou menos conscientes, patentes, úteis... Dados sempre imprescindíveis na hora de planejar e de governar as cidades, de elaborar as novas e regulares políticas públicas, provocadoras dessa "outra cidade possível".

Dados baseados em uma soma de desejos, interesses, sugestões e também de necessidades e problemas.

Dados para os responsáveis políticos de cada cidade, os quais, como porta-vozes da cidadania que delegou a eles seu poder (oxalá com vigilância sobre essa delegação) têm a obrigação de levá-los em conta, insisto, imprescindivelmente (e não apenas necessariamente, convenientemente...) na hora de elaborar, de desenhar todas as políticas públicas e, com base nelas, a cidade.

É a cidadania que sabe, globalmente, qual outra cidade possível deseja. Qual é a sua cidade sonhada, utópica, inédito-viável.

E se sentirá orgulhosa dela se tiver podido participar ativamente, primeiro, de seu planejamento e, posteriormente, de sua organização e de seu governo.

Relaciono abaixo mais razões, na forma de opiniões expressas por vários seres humanos, a partir de seus âmbitos profissionais, vivenciais:

> *O cidadão é quem conhece melhor o lugar em que vive, a cidade ideal está em sua imaginação. Os prefeitos devem torná-la realidade.* (Jaime Lerner, arquiteto)

> *É necessária uma aproximação diferente às pessoas, na qual se necessita da intuição e não da lógica. É necessária a informação de primeira mão dos cidadãos. Suas demandas são a base da inovação.* (Shoji Shiba, especialista em gestão de qualidade)

Para apoiar e desenvolver a proposta de "outras cidades possíveis", é necessário:

a) Denunciar quais são as estruturas sociais que, em nível mundial, dificultam a criação desse "outro mundo possível", dessas "outras cidades possíveis". E, uma vez denunciadas, não se limitar à queixa, não insistir no erro. Ou seja, pôr de manifesto as dificuldades, mas oferecer, além disso, uma alternativa de mudança, unindo assim a queixa e a produção, tentando gerar a mudança.

b) Outra pedagogia possível, outra pedagogia de base, que apóie, em outras palavras, um tipo de intervenção socioeducativa, sociopolítica mais potenciadora da participação do ser humano em seu primeiro projeto: sua vida. E no imediato: a vida social, como cidadã ou cidadão.

c) Outra escola, outra educação possível, ainda mais progressista, em mais estreita comunicação com a vida, com a comunidade, com o bairro, a cidade, o país e o mundo.

d) Outra participação cidadã possível. Com um enfoque concreto, honesto, profundo, de participação social entre gerações, particularmente da infância, da adolescência e da juventude, que não seja demagógico, que não endeuse as crianças, adolescentes e jovens e culpabilize o adulto.

CAPÍTULO 3

OUTRA PEDAGOGIA POSSÍVEL: A PEDAGOGIA DA VIDA COTIDIANA

Estamos em uma era de complexidade e de incerteza. Por isso faz falta um plus *de criatividade, um esforço para escapar ao determinismo dos códigos e das pautas que invadem os cérebros. Hoje a criatividade está na vida emocional e intelectual de cada um e consiste em tomar gosto pelo difícil.* Sinto falta de uma pedagogia da vida cotidiana *que leve a tomar gosto pelo difícil.*
Salvador Pániker, filósofo

A vida cotidiana é o lugar privilegiado no qual hão de tomar corpo as resistências que hão de levar a uma sociedade mais racional, melhor e mais justa.
Claus Offe, cientista político

Desejo criar uma nova abordagem da *Pedagogia da Vida Cotidiana.*

Baseada, evidentemente, em todos os documentos que escrevi a partir dela e sobre ela.

Baseada em todas as propostas de anteprojetos que fui transformando em projetos, baseando-me na *Pedagogia da Vida Cotidiana* e em minha colaboração com meninos(as), adolescentes, jovens e adultos.

Nova, no sentido de fruto de uma reflexão nova, de uma nova tentativa de recriar essa pedagogia, de redescobri-la, de revelá-la ainda mais para oferecê-la a mim mesmo e oferecê-la mais viva, mais prática, mais geradora de mudança social.

A Pedagogia da Vida Cotidiana traz conceitos, técnicas concretas e estáveis que permanecem no tempo. Mas é dinâmica, mutável como a própria vida. Adapta-se às realidades, aos elementos novos que a vida vai oferecendo, sugerindo.

Esta é a razão que me provoca o desejo de criar e recriar essa pedagogia periodicamente, na tentativa de oferecer respostas adaptadas às dinâmicas sociais, educativas, políticas...

Neste caso, às realidades educacionais, sociais, políticas, culturais do Brasil e, concretamente, de São Paulo.

Estes são o desejo e a razão.

A realidade me sugere promover um esforço de síntese para oferecer as definições, os conceitos-ferramenta, as técnicas da Pedagogia da Vida Cotidiana...

Pedagogia da Vida Cotidiana: definição

Vivemos, trabalhamos, convivemos, sentimos prazer e alegria, sofremos, duvidamos, acertamos... morremos na vida cotidiana.

A vida cotidiana é, dessa forma, o âmbito, o marco onde se desenvolve a globalidade de nossa vida. O espaço onde, movendo-nos, relacionando-nos, separando-nos... tentamos ou não dar sentido a nossa vida, à prática cotidiana pessoal, familiar e/ou profissional e a nossos diversos "cada dia".

Conseqüentemente: não é essencial, ao menos em nível profissional, dar concretude a uma pedagogia que possa apoiar as intervenções socioeducativas que ocorrem na vida cotidiana? Essencialmente daquelas cujos protagonistas desejem provocar a mudança social?

Puxando por minha memória histórico-profissional, lembro o momento em que iniciei a busca de uma ciência que me ajudasse a conectar-me com o profundo da vida dos seres humanos com os quais me relacionava.

Em um seminário sobre "A intervenção do educador na vida cotidiana" do qual participei, dei início a meu processo de pesquisa-ação participativa e comecei a esboçar a Pedagogia da Vida Cotidiana.

Esboço que fui realizando depois que tomei consciência de que os/as profissionais da educação intervimos:

- Apoiados por um **quadro de reflexão** concreto, **a pedagogia**.
- No **quadro de intervenção** da **vida cotidiana**.

Em conseqüência disso, pude demonstrar a importância da intervenção a partir das diversas situações espontâneas suscitadas no marco natural da vida, da vida cotidiana.

Em face dessa evidência, decidi:

1. Concentrar-me profissionalmente:

- No que se entende socialmente por vida cotidiana.
- Em como se deveria entender a vida cotidiana da perspectiva dos profissionais do âmbito socioeducativo.
- Em como utilizar e seguir um critério em termos de sua utilização.

2. Definir, em decorrência disso, que tipo de pedagogia a intervenção a partir de uma vida cotidiana adequadamente entendida teria de apoiar.

Fui realizando as definições do que é, sobre o que deveria ser a vida cotidiana e, em conseqüência, uma pedagogia baseada nela, alimentada por ela, ao longo de minha vida profissional e, logicamente, a partir também de meus níveis de vida íntima, privada e familiar.

São definições experimentadas, vividas, elaboradas por mim ou apreendidas de outros profissionais, essencialmente, Antoni Juliá, Faustino Guerau e alguns autores situacionistas (Lefebvre, Debord, Vaneigem...)

A vida cotidiana deveria ser entendida:

- "Como aquela em que o ser humano se objetiva, se conhece.
- Como aquela que realiza uma função de mediação entre o ser humano e a sociedade, entre a natureza e a sociedade e, sobretudo, entre a Educadora, o Educador e o(a) outro(a), com a qual se garante a relação educativa e se evita a relação dual ou fusional.
- Como aquela que permite ao indivíduo ou ao grupo apropriar-se de suas capacidades fundamentais, de seus afetos, de seus modos de comportamento, com os quais transcende a própria pessoa e o próprio ambiente.
- Como aquela que permite alcançar a unidade da personalidade".

Talvez uma vida cotidiana assim entendida tivesse de ser apoiada por uma Pedagogia da Vida Cotidiana.

Há anos eu a pesquiso, teorizo, pratico e foi ela que me abriu espaços de reflexão-pesquisa-formação-ação, onde pude concretizá-la, não como uma teoria (algo não experimentado, confrontado com a vida), mas como uma ciência que:

- Demonstra que a vida do ser humano passa essencialmente pelos momentos triviais, pequenos, latentes de sua vida cotidiana.
- Entende a vida não como rotina, mas como o que existe quando se produz, detecta e partilha vida.
- Tenta a libertação do cotidiano a partir de uma busca de novas leituras.
- "Leva a entender por que a vida surge quando se produz um deslocamento das fórmulas especializadas."
- "Permite-nos descobrir a realidade de um conjunto observável."
- Ao praticá-la, permite que a vida que se dá no cotidiano sirva para passar adiante o que o ser humano necessita para satisfazer seus desejos, seus interesses... e também suas necessidades.

■ Ao praticá-la, permite que a vida cotidiana se transforme no quadro de referência que suporta com consistência a dinâmica demanda-avaliação da demanda-estratégia conjunta de ação.

■ "Expõe para nós a profunda relação que existe entre as funções da educação e a vida:

– Produzir prazer.
– Produzir poder.
– Permitir que cada indivíduo escreva a própria história.
– Permitir que cada indivíduo adquira a própria identidade."

■ Permite-nos não apenas trabalhar os momentos comuns, mas enriquecê-los e, além disso, provocar momentos difíceis com intenção estruturante ou reestruturante.

■ Facilita passar do princípio de realidade ao princípio de crescimento.

■ Potencializa mais a pergunta que a afirmação do profissional, como apoio à participação cidadã (ninguém pergunta se antes não se pergunta).

■ Potencializa os espaços de silêncio, em vez dos de fala.

■ Permite normalizar o conflito e, em conseqüência, a profissão.

■ Destaca os "marcos de vida": o cotidiano, o trivial e o latente.

■ Potencializa uma cultura entendida como a linguagem da vida.

■ Possibilita a verbalização dos sentimentos.

■ Valoriza a diferença como um elemento dinâmico e enriquecedor para o necessário equilíbrio em todo trabalho de equipe entre a variedade e a unidade.

■ Potencializa a originalidade como:

– o que não é copiado nem imitado
– o singular, diferente daquilo a que se está acostumado, daquilo que "está na moda". Mas especialmente:
– o que remonta à origem da vida do indivíduo, do grupo, da comunidade.

■ Propicia uma intervenção socioeducativa em função de mediações que permitiriam a prática da "distância ótima" (abordaremos isto no tópico seguinte).

■ Apóia o(a) profissional na realização de quatro opções:

– a pessoal
– a profissional
– a de privilegiar o controle ou a escuta na própria práxis
– a de ser interlocutores competentes, ou não, entre o poder estabelecido e a sociedade civil.

■ Privilegia a incorporação do fato educativo como um apoio interno da personalidade, sem esquecer a própria personalidade de educadora ou de educador e como um apoio à participação ativa na comunidade.

■ Possibilita a utopia, entendida, não como impossível de ser realizada, mas como o inédito-viável, o não-dito, que pode ser realidade se organizada e cientificamente expressa.

■ Fortalece um enfoque essencialmente comunitário, sem esquecer o individual.

■ Permite ao individuo e/ou à comunidade demonstrar quais são seus potenciais, seus sentimentos, suas condutas, suas criatividades... a partir dos quais, como ser social, poder comunicar-se consigo mesmo e com os ambientes mais imediatos ou remotos.

Pedagogia da Vida Cotidiana: conceitos-ferramenta e técnicas essenciais

Exporei os conceitos-ferramenta e técnicas que, a partir dessa pedagogia, venho estabelecendo, com base em um trabalho de comparação em minha vida profissional (e inclusive pessoal) entre:

■ o sentir, pensar, dizer e fazer

A teoria e a prática.

Quer dizer, conceitos-ferramenta e técnicas relacionados com:

A infância, a adolescência, a juventude e o mundo adulto.

■ Sua participação e mobilização na vida social como fator promotor de mudança social.

■ A elaboração de programas, de módulos de formação sobre a participação de crianças, adolescentes e jovens e dos adultos, em cumplicidade, na vida social.

■ A consolidação de uma equipe européia, de uma equipe internacional, que, a partir de diversas pesquisas e práticas, desenvolva uma metodologia comum de intervenção participativa, a partir de processos de formação permanente.

A Pedagogia da Vida Cotidiana me fez ver que a vida é um sério jogo de relação de demanda-resposta no cotidiano, fundamentalmente a partir de seus momentos triviais, pequenos, latentes.

Exponho em seguida quais são os conceitos-ferramenta, as técnicas essenciais que fui estabelecendo a partir dela como importante meio de apoio à dinâmica demanda-resposta indicada anteriormente.

Em primeiro lugar, diria que, a partir desse enfoque, a cotidianidade demonstra ser a melhor mediação na hora de intervir educativa e socialmente.

Quer dizer, o cotidiano, os diversos momentos do dia podem transformar-se em mediações que oferecem objetividade, realismo, consistência, às diversas relações que uma educadora, um educador podem realizar.

Abaixo, explico o que se entende concretamente por mediação, a partir da pedagogia de que nos ocupamos:

> *A mediação educativa é uma realidade concreta, situada entre a outra, o outro (indivíduo, grupo ou comunidade), que oferece consistência, objetividade e realismo à relação de convivência, de envolvimento, que se dá entre as duas partes que protagonizam a vida cotidiana.*
>
> *A mediação educativa também pode ser chamada de terceiro elemento, vínculo, lugar de intercâmbio.*

A pesquisa-ação participativa que se desenvolveu a partir dessa pedagogia me demonstrou fundamentalmente o valor socioeducativo e político que têm as oito mediações que aponto a seguir, nas quais torno a incluir a vida cotidiana como mediação globalizante:

- O adulto ou jovem que, como *pessoa ou profissional*, se relaciona com a infância, a adolescência e a juventude. Eles são a primeira mediação.
- A outra, o outro com os quais se relacionam (indivíduo, grupo ou comunidade).
- A *relação* que se estabelece entre os dois na convivência cotidiana (relação individual, grupal ou comunitária).
- A *conversação* ou o *diálogo* que as duas partes implicadas produzem ou não ao longo de sua relação.
- A *vida cotidiana* como quadro de intervenção e relação, como grande espaço onde as pessoas, humana e/ou profissionalmente, se relacionam e conversam.
- Os diferentes *espaços* (tempo livre, família, escola, trabalho...) que, como marcos mais reduzidos, mais próximos, apóiam, dão consistência, suporte a essas relações e conversações.
- O *tempo*, que vai evidenciando a diversidade de ritmos e de processos que os seres humanos conferem ao próprio viver e conviver.
- Uma *pedagogia* que, como quadro de reflexão, apóia concretamente as sete mediações anteriores e, de modo geral, as diversas intervenções educativas que se realizem.

Intervir educativamente no dia-a-dia baseando-me nessa pedagogia e nas mediações que ela me permitiu estabelecer é o que me levou a demonstrar o grande valor educativo, o potencial de mudança social que ela tem, e quais são seus *conceitos-ferramenta*.

Descrevo, a seguir, os mais importantes:

■ O ser humano em geral e, concretamente, as crianças, adolescentes e jovens são seres *desejantes, de linguagens e de afetos múltiplos*.

■ O *desejo*, o *sentimento* são a base, o ponto de partida de toda intervenção educativa, de toda ação. O desejo, o sentimento das crianças, adolescentes e jovens e do adulto que intervém educativamente estão presentes, incidindo positiva ou negativamente em todo momento. Por isso há que incorporá-los, tê-los presentes quando se intervém. Por isso é preciso estar atento para que o sentir não represente armadilha, garantir que se realize, o máximo possível, uma utilização positiva dos sentimentos. Esta garantia pode ser oferecida:

- Pelo trabalho em equipe.
- Pela escrita periódica de observações-análises, diários... sobre as atividades que vão sendo realizadas.

  Talvez com o seguinte esquema:
- o que aconteceu,
- qual foi minha intervenção,
- qual foi a reação da outra parte (indivíduo, grupo ou comunidade),
- que outro tipo de intervenção eu faria outro dia: a mesma (por ser positiva), ou diferente (por ser errônea),
- a utilização de espaço-tempos de reflexão-debate-concretização de práxis educativas, entendendo a práxis como uma soma de reflexão e ação.

■ O ser humano *se comunica* não só por meio da *palavra e do modo de agir*, mas, essencialmente, a partir do que *sente, pensa, de como reage ao que ocorre, do que cria* (de criar) e também a partir de sua *bagagem cultural*.

Dessas sete linguagens, as menos confiáveis são justamente as que, social e educativamente, costumam ser levadas em mais alta conta: a palavra e o comportamento.

■ "A *matéria-prima*" a partir da qual, com base na qual, se intervém educativamente *é a vida do(a) outro(a)* (indivíduo, grupo ou comunidade) *em contraste com minha vida* como profissional, mãe, pai...

■ Desse confronto devem surgir os elementos de vida que devem ser incorporados no processo educativo.

■ Os "*marcos*" que me ajudam a enquadrar a vida em meu trabalho cotidiano e, a partir desse enquadramento, a intervir com mais qualidade, com mais probabilidades de conectar-me com a vida do outro ser humano são:

- Os *momentos triviais*, pequenos (importantíssimos!!)
- Os *momentos latentes* que falam daquilo que subjaz, que está "por trás" do patente, aquilo que não é dito com linguagem verbal, e sim com "murmúrios do corpo", e sim com as outras seis linguagens latentes do ser humano já descritas neste parágrafo.
- O *cotidiano*, o "cada dia".

■ A *vida* de um ser humano *passa essencialmente pelos momentos triviais, pequenos, latentes da vida cotidiana,* aqueles que via de regra costumam passar despercebidos, por se acreditar que neles "nada acontece". Quando é exatamente neles que se produzem (desde que sejam valorizados, desde que sejam levados em conta) deslocamentos importantes da vida emocional, intelectual...

■ Não se deve trabalhar "para" a infância, a adolescência e a juventude. Este é um enfoque benéfico-paternalista. Nem mesmo "junto" ou "com" a infância. Considero que o melhor enfoque seja trabalhar DESDE a infância, a adolescência e a juventude, COM apoio dos adultos. Isto é, DESDE os interesses, dúvidas, sugestões, críticas, medos, idéias... das crianças, adolescentes e jovens, COM apoio, em confronto com as idéias, sugestões, dúvidas, medos... dos adultos que os acompanham. Seria o DESDE/COM (este conceito será explicado no próximo capítulo).

■ Os adultos que acompanham, permitem, põem limites, possibilitam, apóiam a infância, a adolescência e a juventude devem *levar em conta*, em sua relação educativa, *mais que as palavras* que pronunciam ou escutam, *os sentimentos* e *atitudes* que as acompanham.

■ Mais que falar à infância, à adolescência e à juventude, é preciso escutá-las, *provocar nelas espaços de silêncio.* Ir *adiante no pensamento e atrás na palavra.*

■ É preciso provocar, além de espaços de silêncio, *espaços vazios, "prenhes" de vida latente*, para que as crianças, adolescentes e jovens os preencham, sintam, assumam como seus. "Espaços vazios" que possam ir se transformando em *espaços de encontro, gestão e participação cidadã.*

■ A técnica essencial a utilizar é a *pergunta*. Perguntas, mais que afirmações. Perguntas para *conhecer, provocar e apoiar.*

■ As primeiras perguntas que eu faria, no âmbito das perguntas para "conhecer", seriam:

- Quem você acha que sou?
- Você quer me ajudar a saber quem é você?

- Sabe que você tem, se quiser, a informação imprescindível para podermos colaborar?
- O que acontece quando você e eu estamos juntos, colaborando? Isso nos serve para algo, para algo útil?
- O que é esse espaço-tempo onde estamos colaborando?

■ Como **atitudes essenciais** a fortalecer, proponho: escuta, respeito, credibilidade, observação, reflexão, firmeza (não rigidez), diálogo, aceitação da outra, do outro, da diferença.

Também a atitude do "dedo virado", ou seja, que o profissional leve em conta a autocrítica (o dedo que aponta para si mesmo), além da crítica que faz à infância, à adolescência e à juventude, à sociedade, à política... (o dedo que aponta para a outra, para o outro).

■ Atitude que considero essencial e que é resultado de levar em consideração as atitudes já mencionadas e, em geral, o enfoque de intervenção que a Pedagogia da Vida Cotidiana propõe é a do profissional como "ADULTO DE PRESENÇA SUAVE", na expressão de F. Deligny. Isto é, nem tão próximo da infância, da adolescência e da juventude, a ponto de anulá-las, nem tão longe, a ponto de criar sentimento de abandono. Essa seria a "distância ótima".

■ Sugiro como conceito de educação positiva aquela que leva em conta não apenas o saber do profissional, do adulto (fruto de estruturas, de memórias) e a vivência das crianças, adolescentes e jovens, mas também aquela que incorpora ainda como *elementos imprescindíveis* o *saber da infância, da adolescência e da juventude* (fruto de suas idéias novas, "primeiras", de sua capacidade de imaginar, criar) e a *vivência do profissional, do adulto.*

Penso que a busca dessa cumplicidade, dessa complementaridade, é um bom ponto de partida educativo.

■ Ninguém muda a troco de nada. Proponho como motor de mudança a geração de (1) *prazer* que possibilite (2) o *pensar* que é possível (3) *fazer*, para mudar. Prazer provocado a partir de momentos de *firmeza e limites* e de momentos de *possibilitar, de permitir.*

■ É um prazer descobrir *a pele* como fronteira entre o mundo e eu.

■ Devem-se valorizar os *processos* e, neles, os *diferentes ritmos*, mais que os resultados e os objetivos.

■ O *conflito* deve ser considerado como um elemento integrante, natural da vida cotidiana.

■ Periodicamente é preciso considerar o *desaprender*. O conhecimento, assim como a vida, deve ser dinâmico. Nesse sentido é preciso ir desaprendendo os conceitos obsoletos, que não servem mais.

■ Deveriam ser garantidas as etapas fundamentais de um processo educativo positivo: *aclimatação, controle, produtividade e personalização.*

■ Os profissionais devem *"pôr-se na situação"* do ser humano com o qual se relacionam. Para isso devem levar em conta que:

– Eu não sou a outra, o outro.
– Eu não estou em seu lugar.
– A informação essencial sobre o que a outra, o outro desejam, sentem, necessitam... eles a têm.
– Eu devo provocar as perguntas oportunas, respeitosas e inteligentes para que elas, eles, se assim o quiserem, me dêem sua informação.

■ Os profissionais devem *tomar como significativos* a pessoa, o grupo ou a comunidade com os quais se relacionam e tentar ser significativos para elas, para eles. Isto quer dizer que as horas de relacionamento, de convivência signifiquem algo para ambos, sejam úteis, provoquem certezas, mudanças...

■ Ao longo das diversas relações, processos e momentos, é preciso concretizar e ajudar a elaborar quatro tipos fundamentais de *sentimentos: de ausência, de encontro, de pertença e de perda.*

■ Quando se intervém educativamente, sobretudo na infância, deve-se levar em conta, fundamentalmente, entre outros, o *"sentimento de ausência"*. Isto é: se é preciso organizar alguma atividade, preparar um planejamento, elaborar um relatório, fazer uma avaliação... deve-se viver ou, se não, provocar em si o "sentimento de ausência", no sentido de incorporar, o mais cedo possível, a outra, o outro nessas atividades, como um elemento imprescindível (não só necessário, conveniente, positivo...). Entendo que os profissionais que não sentem a ausência do outro, da outra quando sentem, pensam, escrevem, planejam, organizam algo para eles... também não necessitam do outro, da outra. Acho que acreditam que seus saberes e fazeres como profissionais são suficientes. Se assim é, estamos caindo num esquecimento de graves conseqüências educativas.

■ É preciso fortalecer, ao longo dos diversos processos que se vão sucedendo, o máximo de *"descargas expressivas"* controladas pelos profissionais com um inteligente jogo de limites e possibilidades, com o objetivo de permitir que a vida "brote", surja de forma lúdica ou conflitiva.

■ Para finalizar essa síntese dos conceitos-ferramenta básicos que a Pedagogia da Vida Cotidiana me foi trazendo, diria que se trata de uma pedagogia que tenta provocar (na hora de programar e intervir) proposições utópicas, com base em uma atitude utópica, entendendo a utopia não como aquilo que não é possível, mas como o *"inédito-viável"*.

CAPÍTULO 4

O "DESDE-COM": CONCRETIZAÇÃO DA METODOLOGIA DE INTERVENÇÃO SOCIOEDUCATIVA E DE PARTICIPAÇÃO CIDADÃ, COMO APOIO À COMUNIDADE EDUCATIVA DOS CEUS E O OP CRIANÇA

Introdução

Já expliquei resumidamente em capítulos anteriores o que entendo por DESDE-COM. Neste capítulo, amplio seu significado, para demonstrar que é um conceito que se escreve muito brevemente: duas palavras, mas que é muito profundo no que se refere ao que tais palavras pretendem transmitir, como base de todo o conteúdo deste livro, de toda a metodologia que estamos propondo.

O conceito do DESDE-COM é a base da metodologia que apóia:

- A intervenção socioeducativa.
- A intervenção participativa de geração e/ou fortalecimento da participação cidadã em geral.
- A intervenção participativa de provocação e/ou fortalecimento da participação, concretamente da infância, da adolescência e da juventude.

As crianças, adolescentes e jovens de uma sociedade, de uma cidade, nunca serão o futuro se não participarem do presente.

À esperança que percorre o mundo desse "outro mundo possível" se une outra: a esperança da DEVOLUÇÃO DO PODER. Devolução de poderes à cidadania, às comunidades, às cidades.

Devolver o poder às pessoas é sinônimo de participação.

Uma cidade progressista é aquela que possibilita a seus cidadãos exercer o próprio direito de participar da transformação dinâmica de sua cidade. Só aquele(a) que participa pode ser e sentir-se cidadão(ã), sentir a cidade como sua, sentir-se orgulhoso/a de viver em "sua" cidade.

São Paulo está possibilitando essa participação geral de todos os seus cidadãos, mas fundamentalmente de sua infância e de sua adolescência.

Historicamente a infância foi a grande ausente, até mesmo quando dela se tratava, se decidia, legislava. Ela sempre foi tratada como o "ainda não": "Ainda não têm capacidade", "ainda não sabem"...

Foi só em novembro de 1989 que, por fim, na Convenção Internacional dos Direitos da Criança, a infância foi reconhecida como *sujeito de direitos com capacidade para exercê-los.* Reconhecimento que, infelizmente, em nível mundial, foi se tornando letra morta no que se refere à aplicação real de seus direitos, à possibilidade de exercê-los na vida cotidiana.

A cidade de São Paulo, por meio de sua Secretaria Municipal de Educação (SME) e de sua Coordenadoria do Orçamento Participativo (COP), recolhendo essas duas esperanças, apostando firmemente nelas, aceitando o desafio do risco inteligente, com base em suas propostas de anteprojetos, de seus CEUs e do OP Criança, está gerando um estilo educativo e de participação cidadã da infância e da adolescência que supõe um alto nível de devolução de poder, com o qual desejo colaborar apresentando essa metodologia do DESDE-COM.

Eu entendo que o direito à participação é um direito cidadão essencial, base e garantia de outros. E, conseqüentemente, aposto firme e decididamente no fortalecimento de um modelo de participação real, crível, baseado em um processo de pesquisa-ação sobre participação social em geral (crianças, adolescentes e jovens, adultos/as e idosos/as) iniciado em 1980 e concretizado, fundamentalmente, a partir da criação por mim, em 1989, na área metropolitana de Barcelona e em Barcelona, de um grupo de participação da infância, adolescência e da juventude ("TOMBALATRU-ITA". Em catalão, "tomba la truita" quer dizer algo como: "a vida lhe deu um limão? Faça com ele uma limonada", as coisas podem ser de outra maneira. Foi o nome que as crianças, adolescentes e jovens do grupo escolheram para si) e de outro posterior, de jovens, criado em parceria com a Regidoría de Ciudad Amiga y Calidad de Vida del Ayuntamiento de Barcelona, que recebeu o nome de EEP (Espacio Experimental de Participación).

Costuma-se dizer, e esse é um discurso positivo, que a administração deve abrir, possibilitar canais de participação para os cidadãos (pensa-se só nos cidadãos adultos?) e que é essencial que a sociedade civil se organize e participe.

Paralelamente, circula um discurso imaturo vindo de certos políticos, que afirmam que a sociedade civil não quer participar, e de certos(as) cidadãos(ãs) que não participam sob a justificativa de que seus políticos são corruptos, não confiáveis.

São discursos generalizantes que esquecem a existência de políticos e de cidadãos honestos e comprometidos com o firme desejo de provocar mudança social.

Diz Pascal Bruckner, pensador francês, que existe o que ele chama de "a tentação da inocência" ou a resistência da sociedade a ser plenamente adulta.

Penso que essa resistência pode ter dois fundamentos: a repetida oferta que certos poderes fazem aos cidadãos de projetos de participação enganosos, irreais, "fechados" a todo protagonismo cidadão, projetos bem engendrados pelo poder político e pela atitude cômoda de certa cidadania (eu diria, de certos habitantes) que optam pela postura mais cômoda de obedecer ou depender. Ou de justificar sua não-participação alegando que não lhes permitem participar. Eu lhes recordaria que, para participar, não é necessário pedir permissão aos partidos políticos, nem a ninguém. Só a si mesmo. Sem esquecer, é claro, que existe também o direito de não participar.

A chave para uma real participação estaria na adequada resposta à pergunta: o governante, o político, é delegado do cidadão para reger a sociedade segundo os desejos do cidadão e, portanto, a atividade política tem como objetivo o serviço à sociedade, ou, pervertendo-se a ordem, é a sociedade que tem de estar a serviço da autoridade?

Afirmo, por conseqüência, que a atividade política, a política democrática, é, em seu sentido mais profundo, a *participação igualitária de todos os seus cidadãos* (inclusive meninos, meninas, adolescentes e jovens) ativos e responsáveis, sujeitos de direitos e de deveres.

A metodologia do "DESDE-COM" como uma proposta de anteprojeto

Dizia eu na introdução que o conceito DESDE-COM é bem sucinto.

E, há muitos anos, alguém disse que "o bom, se for breve, é duas vezes bom".

E é isso mesmo.

E o breve não está brigado com o profundo, assim como o divertido, o lúdico não estão obrigatoriamente separados do sério, nem o pequeno do importante e fundamental.

Mas o que é fugaz requer, isso sim, um esforço de atenção, de observação, de reflexão e, sobretudo, de vivência, de experimentação, de con-vivência.

Como a própria vida.

Dizem que a vida é breve.

Mais a latente que a patente.

É fugaz, dinâmica, nunca estática.

Viver a vida em profundidade exige desejar, optar e fazê-lo.

Viver, experimentar, con-viver, trabalhar, intervir com base na metodologia do DESDE-COM, como apoio à vida íntima, pessoal, familiar ou profissional de cada ser humano também requer desejo, opção e ação.

E sinto que optar pelo breve, pelo latente e pelo fugaz é uma opção viva e arriscada, como o é a própria vida.

Mas, ao mesmo tempo, profunda e de um alto grau de coerência, pois não existe intervenção educativa, não se educa, não existe participação cidadã, não se participa, se não se enfrenta um certo nível de risco inteligente, se não se aposta nele e, a partir dele, se vive primeiro e se intervém depois.

E aqui peço que não se confunda fugacidade com pressa, em uma sociedade que superestima, com base na pressa, a angústia, a competição, o ter... o não-viver.

Eu que nasci em Tetuan, Marrocos, e que lá vivi meus primeiros 18 anos de vida, lembro o que me dizem meus concidadãos tetuanos quando de vez em quando vou visitá-los naquele sul-norte: "A pressa mata".

Fugaz é aquilo que aparece e desaparece com rapidez, que é de muito curta duração. Algo breve também.

Como o conceito DESDE-COM. Como a vida que se nos oferece a cada dia, que se oferece a cada ser humano com o qual nos relacionamos.

Visto que este livro se baseia em uma pedagogia concreta, a Pedagogia da Vida Cotidiana, que, como vocês já leram, defende que a vida de todo ser humano passa essencialmente (não unicamente) pelos momentos triviais, pequenos, breves, latentes de seu cotidiano, é coerente que a metodologia que surge dessa pedagogia, a metodologia que ela provoca, esteja sugerindo, a partir de seu próprio conceito breve de duas palavras, "desde" e "com", o desejo de que quem opte por ela tenha consciência de que, em contrapartida, ela, como metodologia, vai lhe trazer numerosos conceitos-ferramenta, técnicas, atitudes e, sobretudo, sentimentos e pensamentos que lhe permitam conectar-se em sua vida cotidiana, isto é, em seu viver de cada dia, com:

- sua vida mais íntima
- sua origem
- a vida mais íntima e o máximo de origem dos seres humanos com os quais convive em nível íntimo, privado, familiar ou profissional.

O DESDE-COM, como a própria vida, não é abstrato, mesmo que inicialmente o pareça.

O que é complexo. Não em si mesmo, mas por conta da cultura que o rodeia.

Existimos e vivemos ou passamos pela vida (cada ser humano realiza sua opção) envolvidos por uma cultura dominante da pressa e, fundamentalmente, da mensagem de viver-trabalhar a partir do patente-tangível-vivível-audível.

Cultura que em geral não leva em conta, não valoriza e, conseqüentemente, não reforça o levar em conta, o valorizar nos seres humanos que a integram os momentos latentes, triviais, pequenos, aqueles por onde a vida chega, se oferece e fica ou passa, em função de ser captada e desejada, ou não.

Educar, provocar e/ou potencializar a participação cidadã requer a conexão primeiro consigo mesmo, com "os próprios" momentos triviais...

E, posteriormente, com os outros, em "conexões de vida".

Momentos, próprios e dos outros, nos quais fugazmente surge, se oferece, a vida que vai alimentar a relação educativa, a relação participativa que iniciarmos.

Feito esse primeiro esclarecimento, quero fazer outros.

Não estou sugerindo a metodologia como uma proposta, um projeto fechado.

Eu a apresento como uma proposta de anteprojeto. Quem quiser incorporá-la a sua vida e a seu trabalho a transformará em seu projeto e voltará a transformá-la em proposta de anteprojeto quando a apresentar aos seres humanos com os quais irá conviver e/ou trabalhar.

Essa é uma condição *sine qua non* do DESDE-COM:

Você se aproxima dos outros seres humanos, sentindo-os e pensando-os como imprescindíveis, conseqüentemente relacionando-se com eles como imprescindíveis, logicamente intervindo (aqui se dá o início do processo DESDE-COM) DESDE seus desejos, interesses, propostas, dúvidas, medos... COM apoio também de seus desejos, interesses...

Um DESDE-COM que, sobretudo, desejará alcançar o que mais adiante descreverei com mais detalhe:

- Que os outros seres humanos se sintam levados em conta, consultados.
- Que sintam que suas idéias são desejadas.
- Que sintam, e não só ouçam, leiam, que sua capacidade de fazer, de criar, de exercer seu jogo sério de direitos e deveres é reconhecida.

Leitores e leitoras observarão que, em seguida, ofereço todo o tema do DESDE-COM na forma de um apanhado de idéias.

Isso tem um objetivo: possibilitar pouco a pouco, passo a passo, a apreensão dos diversos conceitos-ferramenta, técnicas, atitudes...

E, fundamentalmente, ir desaprendendo sentimentos, pensamentos, técnicas, metodologias não educativas, não participativas, reforçadas pela educação majoritária e pela cultura dominante no mundo: ter mais que ser. Estar mais que ir chegando. Raciocinar mais que sentir. Necessitar mais que desejar.

Sugiro que se tenha papel e lápis à mão para ir anotando em uma folha de papel o que cada ponto vai provocar e que se vá ligando lentamente um ponto com outro...

Sentirão como a complexidade vai se transformando em prazer, sem esquecer que tanto o prazer como o viver, o desejar são agridoces.

E que justamente o "acre" vivido, sentido... reforça o doce e vice-versa.

Desejo que façam uma leitura pausada e profunda DESDE o conteúdo do livro COM o apoio de seus sentimentos, pensamentos... que o DESDE-COM os acompanhe!

Inicio o apanhado de idéias:

- Faço uma proposta real e possibilista, para além das palavras, das intenções, das declarações.
- É uma proposta aberta a todo tipo de sugestões, críticas, modificações, que apresento não como o modelo, nem como o melhor, nem como o único, mas como um modelo a mais de participação a ser oferecido à cidade de São Paulo e, concretamente, a sua Prefeitura.
- Nesse sentido, quero somar, não interferir, e entrar em sintonia com os demais projetos de participação que já existam na cidade por iniciativa municipal ou extramunicipal.
- É uma proposta dinâmica, que muda com o tempo a partir das críticas, sugestões que vão sendo recebidas, das constatações geradas em sua aplicação à vida cotidiana e essencialmente das idéias que façam com que a infância, a adolescência e a juventude se incorporem a seu processo de criação.
- Como proposta, parte não só de documentos e palavras, mas também e sobretudo do *sentimento* de que, na hora de concretizar projetos, atividades para a infância e a juventude, *é imprescindível* (não apenas conveniente, necessário, progressista, positivo) que as crianças, adolescentes e jovens participem, opinem, manifestem seus desejos, seus interesses e necessidades.

Os seres humanos em geral, e mais especificamente as crianças, adolescentes e jovens, parecem cansados de tantas palavras. Percebem mais, confiam mais nos sentimentos e nas atitudes que acompanham as palavras. Percebem quando elas estão "prenhes" de conteúdos, de sentimentos, ou são discursos meramente vazios.

- Como conseqüência da característica anterior, é preciso decidir com firmeza pela incorporação, junto com o parâmetro "homem-adulto-trabalhador" – que é aquele que em geral tem o poder e a capacidade de decisão –, o parâmetro da criança, do adolescente e do jovem como imprescindíveis na hora de elaborar as políticas públicas habitualmente denominadas como "próprias" da infância, da adolescência e da juventude (tempo livre, educação), bem como aquelas que não são assim consideradas (urbanismo, saúde, recursos públicos...).

■ A infância, a adolescência e a juventude não devem ser apresentadas como projeto elaborado por técnicos e políticos, com base nas idéias do mundo adulto, com base no que o mundo adulto pensa serem os interesses ou necessidades delas, mas sim desde uma proposta de anteprojeto de participação que indique que as crianças, adolescentes e jovens:

- o transformarão em seu projeto,
- o assumirão,
- o sentirão como seu,
- aprenderão como funciona o jogo democrático sério,
- exercerão a dinâmica participação-responsabilidade,
- poderão realizar o difícil processo de transformação da relação de obediência-dependência em relação de obediência-dependência-responsabilidade-participação.
- E, o que é mais importante, viverão sua intervenção, sua participação nesse processo de transformação, *como algo significativo para sua vida*.

■ O enfoque do trabalho será:

- *Não* trabalhar *para* a infância e a juventude (enfoque benéfico-assistencialista-protecionista).
- *Não* trabalhar só *com* a infância, a adolescência e a juventude.
- *Não* trabalhar só *junto* à infância, à adolescência e à juventude.
- *Mas sim* trabalhar com um enfoque DESDE-COM.

Conceitos, idéias várias que podem possibilitar apreender em profundidade e utilizar positivamente a metodologia do DESDE-COM.

Comecemos pelo conceito:

A) DESDE: refiro-me a levar em conta, na hora de concretizar a transformação da proposta em projeto, que essa concretização se fará essencialmente (não unicamente):

1. DESDE as idéias, interesses, desejos, iniciativas, críticas da infância, da adolescência e da juventude.
2. E também (para não cair em um discurso demagógico de participação da infância, da adolescência e da juventude) DESDE: as dúvidas, ignorâncias, medos, erros, não-responsabilidade das crianças, adolescentes e jovens. Não levar em conta este segundo ponto seria

criar um enfoque errôneo de "endeusamento" da infância, da adolescência e da juventude como positiva, criativa, perfeita, "tudo", e de culpabilização ou menosprezo do mundo adulto em face da não-participação das crianças, adolescentes e jovens.

B) COM: refiro-me a que essa concretização do projeto DESDE a incorporação essencial da visão da infância, da adolescência e da juventude deve ser realizada em todo o processo COM o apoio das idéias, críticas, desejos... do mundo adulto.

Eu cairia em outro enfoque demagógico de participação se defendesse a participação da infância, da adolescência e da juventude como exclusiva delas.

É o enfoque DESDE-COM que permite:

- Que se complementem as idéias "novas", "primeiras", provocadoras de mudança da infância e da juventude com as idéias fruto da maior experiência no tempo dos adultos.
- Que os adultos possibilitem a participação das crianças, adolescentes e jovens.
- Que os adultos aprendam a participar com as crianças, adolescentes e jovens, e vice-versa.
- Que os adultos reconheçam que também eles aprendem com a infância, a adolescência e a juventude.
- Que os políticos e técnicos demonstrem que, na hora de governar, de elaborar projetos, necessitam imprescindivelmente do discurso da infância, da adolescência e da juventude como garantia do jogo democrático, de mudança social e de renovação.
- Que deixem de se repetir de forma ininterrupta "sociedades de adultos" criadas só a partir dos adultos, privadas do potencial social, educativo, político das crianças, adolescentes e jovens.
- Que o adulto faça o esforço de fazer-se entender quando fala, escreve ou convoca a infância, a adolescência e a juventude.
- E que, fundamentalmente, o adulto "se ponha na situação" da criança, do adolescente e do jovem.

Isto é, leve em consideração que:

a) Não é a criança, o adolescente e o jovem (não vale dizer "quando eu tinha a sua idade...").
b) Não está no lugar da criança, do adolescente e do jovem.
c) Não tem a informação essencial sobre o que são, como pensam, o que sentem, o que desejam... as crianças, adolescentes e jovens.
d) Mas pode fazer perguntas inteligentes e respeitosas, não invasoras, para obter essa informação.

■ Que também a infância, a adolescência e a juventude "se ponham na situação" dos adultos, de suas necessidades, de seus deveres, de seu poder, de suas crenças, de sua experiência...

■ Uma mudança social de raiz, fundamental, que irá fortalecendo:

a) Uma sociedade (seria preciso incorporar em algum momento do processo os idosos e as idosas) não dividida, separada, isolada por idades.

b) Que os adultos deixem de considerar normal que seja seu parâmetro o que governe e decida solitariamente, alegando que:

- A infância é o "futuro" (não é certo. A infância nunca será o futuro se não participar do presente).
- A juventude é uma idade de transição (não é certo. Todas as idades, inclusive a adulta, estão em contínua transição).
- E a terceira idade "deixou de ser" adulta e, a partir de sua situação de aposentadoria, tornou-se população passiva (não é certo. A terceira idade pode continuar na ativa e pode contribuir com o grande valor de sua experiência e vivência).

c) Que os adultos não esqueçam nem traiam sua própria infância, adolescência e juventude, nem as crianças, adolescentes e jovens.

d) Que o jovem não esqueça nem traia sua própria infância, nem à criança.

e) Que a criança e o adolescente, ao se sentir questionados, desejados, incorporados pelos jovens e principalmente pelos adultos, aumentem sua credibilidade diante de si mesmos e diante do mundo adulto e a cumplicidade com a juventude (como ponto de referência mais próximo) e com os adultos.

f) Que se reconheça socialmente a capacidade da criança, do adolescente e do jovem de decidir e executar, ou seja, de exercer na prática seu direito à participação.

g) Que deixe de ocorrer o fato social do "tudo para a infância, a adolescência e a juventude, mas sem a criança, o adolescente e o jovem".

■ Na hora de definir o processo de participação na transformação da proposta em projeto e no projeto em si, é preciso levar em consideração a organização de uma equipe formada por crianças, adolescentes e jovens, bem como de adultos, que garanta a continuidade do processo e a necessidade, que em algum momento pode surgir, de impor algum tipo de limite ao próprio processo.

O responsável último em situações de desacordo será a entidade promotora. Nesse caso, a Prefeitura de São Paulo, sua Secretaria de Educação e a Coordenadoria do Orçamento Participativo.

■ As funções que, em princípio, se propõe que as crianças, adolescentes e jovens que assumem essa proposta realizem são:

– Assessorar os políticos e técnicos sobre os temas próprios da infância, da adolescência e da juventude e outros mais gerais que eles proponham.
(Isso supõe, da parte dos adultos, o reconhecimento de um "não saber", de um não possuir certas idéias que só a criança, o adolescente e o jovem têm.)
– Ser consultados pelos políticos e técnicos em temas de infância, adolescência e juventude e outros em geral.
(Isso supõe um reconhecimento, da parte do adulto, do saber da criança, do adolescente e do jovem e da necessidade de estabelecer uma cumplicidade e uma contraposição com o saber do adulto político e técnico.)
– Poder avançar (a criança, o adolescente e o jovem) propostas de criação e de realização de outras propostas de anteprojeto, para transformá-las em projetos, em colaboração com os adultos.
(Isso supõe um reconhecimento, por parte do mundo adulto, da capacidade de decidir e de executar que a infância, a adolescência e a juventude têm já no presente.)

■ É essencial que crianças, adolescentes e jovens participem *juntos*, com o apoio, já descrito, dos adultos (e é vital que um político participe continuamente desse grupo de adultos). Eles precisam uns dos outros:

a) A criança e o adolescente precisam do jovem para ir aprendendo como funciona a etapa seguinte à sua. O jovem necessita da criança e do adolescente para projetar-se e adquirir segurança em seu processo de responsabilização como membro de um grupo de participação no qual também há crianças. É exatamente a presença de crianças e adolescentes a seu lado que lhe possibilita realizar o próprio jogo democrático que o adulto lhe indica quando, a partir de uma atividade de reconhecimento, de credibilidade e de respeito, pergunta ao jovem (mais que afirmar, assegurar-lhe), manifesta-lhe que necessita dele, que busca seu acordo, que *sente que necessita* de suas idéias de jovem de forma imprescindível. Ele, ela, como jovens, também perguntarão à criança e ao adolescente, terão as mesmas atitudes de reconhecimento, de credibilidade, de respeito para com eles, sentirão que necessitam de suas idéias. Em conseqüência disso (e essa é a razão de fundo desse participar em conjunto), funcionarão entre a infância, a adolescência e a juventude a credibilidade, a comunicação, a colaboração, a cumplicidade. Em contrapartida, desde a infância, a adolescência e a juventude irão desaparecendo paulatinamente:

- A não-credibilidade que elas mesmas mantêm.
- A insegurança na hora de fazer, de ser responsáveis.
- Sua não-credibilidade para com o mundo adulto.
- Seu desencanto.
- A agressividade gerada por ser um "ainda não" ou alguém em transição.
- A delegação que fazem de suas capacidades e poderes ao mundo adulto.

■ Os adultos que acompanham, que apóiam a infância, a adolescência e a juventude, protagonistas dessa proposta, devem concretizar seu apoio (levando em conta o enfoque já explicado do DESDE-COM) a partir de uma atitude de "*adultos de presença suave*":

- ADULTO: sendo a palavra entendida como um nível mínimo de maturidade, para poder ser ponto de referência na relação educativa que se estabeleça nesse DESDE-COM.
- DE PRESENÇA: entendida como aquela que supõe um nível de envolvimento e de convivência que garanta que as crianças, adolescentes e jovens sintam a presença positiva do adulto.
- SUAVE: nem tão próxima da infância, da adolescência e da juventude que as invada, ou anule, nem tão longe que crie nelas o sentimento de abandono.

Não é difícil encontrar este "ponto médio" na relação educativa quando se utilizam mediações adequadas, já indicadas no capítulo sobre a Pedagogia da Vida Cotidiana.

■ Os adultos que apoiarem o grupo de infância, adolescência e juventude dessa proposta, mais que afirmar e assegurar os passos que elas terão de dar para transformar a proposta de anteprojeto de participação da infância, adolescência e juventude em projeto, deverão é perguntar. A *pergunta* é a técnica fundamental que apóia essa proposta de anteprojeto.

Sugiro três tipos de perguntas, e nesta ordem:

■ Perguntas para conhecer
■ Perguntas para provocar
■ Perguntas para apoiar

Dessa forma, o adulto não se "adiantará" à criança, ao adolescente e ao jovem. Antes, possibilitará, sugerirá, permitirá.

No que se refere à infância, à adolescência e à juventude, eu diria que o adulto deveria ir:

- "Adiante" no pensamento.
- "Atrás" na palavra.
- Com a atitude de "adulto de presença suave".
- Fisicamente, "ao lado", "próximo".

O que aqui se indica não deve ser entendido como uma atitude de *laissez-faire*, de "deixar fazer", mas de firmeza por parte do adulto.

- Será fundamental que o adulto saiba respeitar os diferentes ritmos de tempo que existem entre as crianças, adolescentes e jovens e eles mesmos, no contexto de um processo de transformação de uma proposta de anteprojeto em projeto, que será entendido como lento, especialmente a partir da cultura adulta.
- Os processos de participação que ocorram serão mais valorizados que os resultados.
- Para que exista real participação, e não ficção de participação, é preciso garantir que se tornem possíveis, que se possam viver:

a) O que chamo *os nove "cês"* de um processo de participação. Sugiro que sejam praticados nesta ordem:

– **C**omunicação
– **C**onhecimento
– **C**onflito
– **C**redibilidade
– **C**umplicidade
– **C**olaboração
– **C**ompromisso
– **C**o-responsabilidade
– **C**onstância

b) As seguintes etapas:

– Informação
– Opinião
– Reunificação

- Dada a importância que têm a vivência, a possibilitação, a provocação desses "cês" e dessas etapas em todos os processos de participação cidadã (de acordo com minha experiência, dada a metodologia de participação cidadã a que a Pedagogia da Vida Cotidiana me levou), transcrevo a seguir, integralmente, os capítulos de meu livro *Vivir, educar: desde la seducción, el amor y la pasión*, onde explico em profundidade como entendo cada "cê" e cada etapa. Reproduzo também o capítulo em que falo das relações entre elas.

OS "CÊS" DOS PROCESSOS DE VIDA E PARTICIPAÇÃO CIDADÃ
(*Vivir, educar: desde la seducción, el amor y la pasión*, pp. 179-184)

"Agora explico brevemente os nove 'cês' avançados em um dos pontos anteriores.

O primeiro e o último me foram inspirados por duas pessoas que participaram comigo de atividades relacionadas à participação social.

O C de comunicação, uma jovem participante do curso deste ano, Sonia.

O C de constância, um jovem de 14 anos, Javier, em uma palestra que dei em Viladecans, em uma das jornadas sobre participação social da juventude.

Os outros sete 'cês', eu os fui estabelecendo ao longo de meus anos de trabalho com o tema da participação social em bairros, cidades, entidades.

Eu os estabeleci a partir dos confrontos de vida que foram ocorrendo entre os seres humanos com os quais me relacionava e da relação deles comigo.

A concretização me foi permitida pelo fato de ir periodicamente analisando e resumindo por escrito, metabolizando, o que vivia. Sobretudo, quais eram as circunstâncias, os fatos da vida que se sucediam, que ocorriam, que diziam respeito a determinadas pessoas e a mim ao longo dos diferentes processos que iam ocorrendo em cada espaço-tempo. Praticamente, os fatos da vida que se repetiam, que provocavam resultado, mudança, articulação, consolidação do processo participativo.

E os que não se repetiam, os que eram peculiares, os que derivavam da originalidade de cada grupo humano, entidade, bairro, cidade, país.

(Não foi a mesma coisa desencadear o Plano de Futuro do bairro Bon Pastor em Barcelona, ou a remodelação urbanística do sítio histórico do México D.F.)

A partir do que se repetia, fui sistematizando os sete 'cês', aos quais acrescentei os dois que me foram sugeridos. Explico-os brevemente, um a um.

- **Comunicação:** tanto para participar de seu próprio processo de vida, como para se decidir a deixar de ser habitante de sua rua, bairro, cidade, país, mundo e passar a ser cidadão consciente a partir de um enfoque não só da democracia representativa (voto a cada quatro anos e esqueço, delego minha responsabilidade de eleitor aos eleitos), mas essencialmente desde um planejamento de democracia participativa (voto e faço um acompanhamento diário, periódico de meu voto), você terá de dar o primeiro passo, de comunicar-se consigo mesmo e seu entorno.

■ **Conhecimento:** se me comunico comigo mesmo e com meu entorno mais imediato ou mais remoto, essa comunicação me trará maior autoconhecimento de mim mesmo, de minhas possibilidades, fraquezas, potencialidades, situações conscientes pelas quais passei, das incógnitas ou seguranças que minha vida me apresenta...

O mesmo ou similar sobre meu entorno.

Evidentemente, se aceito o desafio de forma tranqüila, dando-me tempo de investir certo tempo e os elementos necessários no conhecimento mais valioso de todo ser humano, o conhecimento de mim mesmo e do entorno social em que nasce e se desenrola meu processo de vida individual e social, irá se preparando, por conseqüência, o próximo 'cê', o de conflito.

■ **Conflito:** se a comunicação e o conhecimento são profundos, certamente surgirão conflitos pessoais e sociais. De cada um consigo mesmo e com seu entorno.

E conflitos entre os seres humanos que configuram esse entorno.

Conflito natural, conatural com a própria vida.

Viver, gerar vida para si, provocá-la no entorno, gera evidências, contrastes, mentiras, possibilidades. Desperta medos, angústia, desejos, interesses, perguntas, respostas...

Conseqüentemente, provoca conflito, algo de caos, de desconcerto. Mas é imprescindível. É o ponto de partida. Se nenhum conflito surgir, nada está acontecendo, ocorrendo, interessando.

■ **Credibilidade:** o fato de ir elaborando de forma adequada os conflitos pode provocar credibilidade.

Alguém se perguntará: qual é a forma adequada? Este livro e o seguinte estão oferecendo e oferecerão pistas, técnicas. Pergunte-se quais são. Ponha-as em marcha. Se não as encontrar, torne a indagar quais podem ser. Busque-as no latente e no trivial do livro, além de, claro, no patente.

Se não as encontrar, envie-me um e-mail ou uma carta e, juntos, tentaremos buscar, não a solução para a dúvida, mas a aproximação. Oxalá apareça a solução exata, mas isso quase nunca acontece. Entre outras coisas, porque a vida não é ciência exata.

Empenhar-se em buscar e encontrar "soluções" para dúvidas, problemas, desejos, interesses... pode provocar demasiada tensão e ulterior frustração, se a solução que você buscava não aparecer.

Acho que baixar o nível da expectativa e conformar-se com encontrar algo que se aproxime, uma "aproximação", do que você necessita para continuar vivendo, avançando com qualidade de vida, é mais real e cria menos expectativas de frustração, de fracasso.

Pode ser uma atitude positiva, uma técnica positiva, sobretudo em uma sociedade, em uma cultura como a ocidental (o mesmo não se dá com a oriental), que está baseada na competição, no valor do ter, do possuir, mais que no sentir, sentir-se, ser, viver, conviver, viver consigo mesmo e com nossos semelhantes, nossos próximos.

Acho muito interessante ressaltar o semelhante, o próximo, porque isso resgata o muito digno de atenção valor da diferença.

E assim volto ao início desse ponto.

Se ele elabora os conflitos de forma adequada, irei gerando credibilidade.

Primeiro em mim.

Sobre isto, faço um rápido aprofundamento ou ampliação do tema.

Ouvi muita gente dizer a outras pessoas: "Confie em mim". Ou: "Eu confio em você".

Estas não me parecem mensagens desprezíveis, sobretudo se cumprem uma condição: se são verídicas. Se são mentirosas, se você não confia nem é confiável, não as pronuncie. Por seu bem e pelo bem da pessoa com quem você fala.

Mas nunca, estou dizendo nunca, ouvi alguém dizer a outro alguém: "Confie em si".

Acho que esta é a mensagem essencial que deve ser o alicerce das relações humanas em geral e também das relações que implicam uma intenção educativa.

(Para mim, educativas são todas as relações, tenha-se ou não consciência disso. Todos os seres humanos educamos e deseducamos enquanto vivemos, nos movemos, gesticulamos, calamos...).

Se consigo confiar em mim mesmo, a partir do que me empenho em amar-me, em conhecer-me, em gostar de mim mesmo, situarei minhas potencialidades e minhas fraquezas para poder potencializá-las, modificá-las ou ao menos assumi-las e aceitá-las como companheiras de jornada.

Se confio em mim, acreditarei mais em mim, aumentarei minha auto-estima.

E um efeito colateral: poderei confiar nos outros e aceitarei que os outros confiem em mim.

Se não for assim, diria que as coisas ficam impossíveis. Ou, no mínimo, se dá uma situação delicada: você passa a vida em função da confiança que os outros depositam ou não em você.

Você pode acabar sendo, sentindo, pensando, fazendo, em função do que os demais digam de você.

Outro efeito colateral.

Se você não confiar primeiro em si mesmo, não conseguirá transmitir confiança a ninguém mais (digamos a quase ninguém, porque é necessário evitar afirmações absolutas), nem poderá levar a outra, o outro a confiarem em si mesmos.

Neste tópico, fiz referência a nossas fraquezas. Não esqueçamos que ter fraquezas nos torna mais humanos. Assumi-las, então, nos torna ainda mais humanos, além de mais equilibrados mental e fisicamente.

Lembro uma definição de saúde mental que li nalgum lugar: "Alguém que normalmente tem (há etapas na vida em que isso talvez não seja possível) boa comunicação com seu próprio corpo. Que não o padece". A definição dizia mais ou menos isto.

■ **Cumplicidade:** você iniciou um processo de autocredibilidade, credibilidade para com seus semelhantes, seus próximos, que por sorte não são iguais a você.

Por sorte, não são iguais. Mas, como todo elemento positivo ou negativo na vida, do cotidiano, tudo tem seus prós e contras.

O não ser iguais traz o pró da diferença como valor enriquecedor, que supõe, para quem está aberto a ela, mais possibilidades de confrontar, de aprender e apreender, de...

Mas contribui também como o "contra", entre aspas, porque se você pensar bem, trata-se de outro pró, de ter de realizar o esforço de buscar cumplicidades exatamente a partir dessas diferenças.

A primeira cumplicidade é, para mim, a que deve se estabelecer entre o que eu chamo de cidadania global, formada não por quatro cidadanias (insisto em dizer que é uma, global), mas pela cidadania global a partir de seus diversos âmbitos de vida, de trabalho, de intervenção, cada uma baseada em sua profissão ou realidade humana.

Para mim, esses âmbitos são essencialmente quatro: cidadania não associada, associada, técnica e política.

(E refiro-me aqui à cidadania afiliada a um partido político. E esclareço isso porque, para mim, a cidadania política, no mais amplo senso da palavra, é toda aquela que tenha consciência do que supõe fazer parte da sociedade civil.)

Se você já acredita um pouco na outra, no outro e não os tem como contrários, mas como diferentes, cuja diferença pode enriquecê-lo, abrir-lhe novas perspectivas, oferecer-lhe novas visões da vida, de seu bairro, de sua cidade, de seu país, do mundo, pouco a pouco, o "seu" irá se transformando no "nosso".

E, pouco a pouco, iremos pensando, sentindo, em nossa entidade, em nossa rua, em nosso bairro, em nossa cidade, em nosso país e em nosso mundo. Esse outro mundo possível é, com toda certeza impossível de alcançar (e aqui estou afirmando) se você não estiver entre todas e todos, ou pelo menos, talvez, para ser realista e de novo descartar os absolutos, entre a maioria. Com respeito pelas minorias.

■ **Colaboração:** iniciada a comunicação, alcançado um mínimo de conhecimento, superado o primeiro conflito, criado o primeiro grau de credibilidade, formadas as primeiras cumplicidades, teremos uma base suficientemente sólida, um processo suficientemente longo no tempo e no espaço, para poder começar a co-laborar. Co-laborar, de laborar, de trabalhar, não solitariamente, mas "com": ou seja, junto a outras, com outros e, sobretudo, com o desejo de trabalhar desde outros e outras com meu apoio.

Colaboração que vai preparando o terreno onde se consolida a etapa seguinte: o compromisso.

■ **Compromisso:** não basta colaborar. Nem mesmo no nível do voluntariado. É preciso atingir um mínimo de compromisso. Compromisso que admita a diversidade. Cada um em função de suas diferentes realidades de desejo, tempo, capacidades...

■ **Co-responsabilidade:** se estou colaborando a partir de um compromisso, de uma cumplicidade, de uma credibilidade, depois de ter me comunicado comigo mesmo e com as demais pessoas, de ter me conhecido um pouco mais e de tê-los conhecido, depois de ter superado os conflitos que cada etapa foi provocando, estou em um momento talvez suficientemente sólido para assumir primeiro uma responsabilidade individual, não solitariamente, mas em equipe, em co-responsabilidade.

■ **Constância:** trata-se de buscar ser constante no desejo e de levá-lo à prática. O desejo de ser constante na hora de viver, praticar esses nove 'cês' periodicamente, cada vez que se iniciar uma nova atividade, cada vez que se mude de espaço-tempo e de equipe.

Uma sugestão: creio que é importante viver o processo dos nove 'cês' na ordem em que os expliquei. A vivência de um vai preparando a do seguinte.

Talvez você queira escrever algo sobre o que os nove 'cês" provocaram em você."

ETAPAS DOS PROCESSOS DE PARTICIPAÇÃO NA PRÓPRIA VIDA E NA VIDA SOCIAL

(*Vivir, educar: desde la seducción, el amor y la pasión,* pp. 187-191)

"Acabo de detalhar para vocês o que para mim, a partir de minha reflexão, de meu estudo, de minha simples pesquisa e prática são os nove 'cês' comuns aos processos de participação humana na vida própria, individual, e na vida social.

Em continuação, quero lhes oferecer outras indicações, também relacionadas com os processos de participação cidadã (individuais e sociais também) críveis, honestos, sem armadilhas, sem mentiras, que não são disfarce de certos interesses nunca explicitados.

Quero explicitar para vocês o que, acredito, sejam as seis etapas de um processo de participação na vida de cada ser humano e na vida social.

Os seis momentos, processos, que segundo minha experiência, na ordem em que vou expô-los, devem dar-se sem saltar nem evitar nenhum, em qualquer espaço-tempo onde seres humanos participem individual ou socialmente. Oxalá, seres humanos (no caso da participação social) representantes dos quatro âmbitos, das quatro realidades descritas linhas atrás (não-associados, associados, técnicos e políticos).

Desenvolvo-os essencialmente voltados para a participação social. Cada leitora ou leitor, a essa altura do livro, saberá traduzir todas as sugestões para sua vida pessoal. São as seguintes:

■ **Informação:** todo processo de participação cidadã na própria vida, na vida social, vivendo, educando... deve garantir a informação.

A informação deve circular. Sobretudo a informação essencial. Não vale ocultar informação com base em critérios objetivamente errôneos. Não vale guardar informação para si, para, desse modo, garantir a superioridade do poder de quem a possui.

Os processos de participação social que proponho baseiam-se em um tipo de pesquisa social concreta. A chamada Pesquisa-Ação Participativa.

Uma característica desse tipo de pesquisa social, para mim a essencial, é que o grupo humano, a realidade humana investigada, participa de todo o processo de pesquisa-ação. Isto é, é continuamente informado do processo. Não se solicita apenas informação.

A informação deve circular em todos os sentidos. Informação na ida, informação na volta.

Eu lhe solicito informação, mas antes o informo.

E, além disso, solicito-a de você esclarecendo que você é imprescindível para mim, pois sem sua informação minha ação será menos válida ou quase nula, fruto da ausência de uma parte da informação que só quem a vive tem em profundidade (informação unida a sentimentos, a vivências), a pessoa que vive uma realidade concreta.

A informação já circulou. A primeira. E já está garantido que:

Eu desejo sua informação

Você me informa

Você deseja minha informação

Eu o informo

Os dois, indivíduos, grupos, comunidades, estamos informados.

Esclareço algo a partir de minha experiência, que é importante para todo processo de participação social:

A diferença que existe entre solicitar informação e desejar informação.

O que torna crível um processo de participação social é o desejo, não a solicitação, a demanda.

Quero a informação de outra pessoa, de outra parte, não por querer, mas pela razão fundamental de que ela me é imprescindível para poder continuar atuante no processo de participação. A outra pessoa, a outra parte, sentirá esse desejo e normalmente não só oferecerá a informação por se sentir imprescindível, valorizada, levada em consideração, mas, ao captar esse murmúrio do corpo (inicialmente latente, ao longo do processo, cada vez mais patente por oferecer mais indicadores de sincero desejo), começará a desejar também a informação da outra pessoa ou parte.

Existe uma razão objetiva de por que a informação de cada parte, de cada pessoa, é imprescindível:

Ninguém tem a informação básica de ninguém. Só cada ser humano, cada entidade, cada rua, cada bairro, cada cidade, país tem a sua.

De forma consciente ou inconsciente.

Mas a tem.

Cada pessoa, cada parte é que tem as perguntas inteligentes, oportunas e respeitosas para poder obter as informações imprescindíveis de outras pessoas ou partes.

Se as pessoas ou partes a quiserem dar.

Desejo move desejo.

Se você deseja a informação de alguém, é mais fácil que esse alguém deseje oferecê-la a você.

Se você apenas a solicita, o desejo pode não ser despertado.

Sobretudo, se a informação não é qualquer informação, mas se for a informação imprescindível.

E a informação imprescindível costuma ser íntima.

E muito poucos seres humanos, talvez nenhum, oferecem algo de íntimo a troco de nada.

Sentir-se desejado, ainda que seja só no tocante à informação, sentir-se valorizado, sentir-se levado em conta, indagado, consultado, pode provocar um claro desejo de resposta.

■ **Opinião:** uma vez que a informação vai circulando em ambos os sentidos (informo e sou informado), pode-se passar a outra etapa: cada pessoa deve poder opinar livremente sobre a informação que circulou, ou sobre a informação que se sabe ou de que se suspeita não ter circulado, ou sobre outro tipo de informação que se provoque.

■ **Planejamento:** as informações e opiniões que foram circulando não devem cair em um saco sem fundo, depreciar-se.

Supõem, sobretudo quando ligadas, um capital social, educativo, político, de altíssimo valor.

Sobretudo se foram realizadas profundas, oportunas, respeitosas e inteligentes devoluções por parte da pessoa que tem a função de coordenar todo esse processo.

Devoluções, primeiramente verbais e depois escritas, sobre o que a outra pessoa ou parte foram informando ou opinando, e especialmente propondo, com base em sua opinião ou informação.

A pessoa, as partes escutam, lêem, passados dias ou semanas ou meses, idéias, frases, propostas suas, realizadas no espaço-tempo de uma conversação mais ou menos formal, passeando, tomando um café, indo ao cinema (no caso de participação social individual ou no caso de participação em meu processo de vida que comento com alguém em nível de intimidade).

É preciso planejar tendo como base esse capital sócio-educativo-político.

Planejar o que fazer. O que não fazer. O que fazer imediatamente. Ou a médio-longo prazo quem o fará.

O que se deve fazer.

O que se pode fazer.

O que se quer fazer.

O que se faz.

Quem o faz.

Como se faz

Onde se faz.

Quando se faz...

■ **Decisão:** é preciso decidir o que fazer de tudo o que foi planejado.

Esta é a etapa mais esclarecedora de um processo de participação humana, tanto no pessoal como no social.

Se você não deseja decidir, ou se deseja mas não decide, ou se não sabe, ou não o deixam decidir, ou outros decidem por você, a participação não existe. É só uma mentira, auto-engano, sonho, quimera, ficção...

Não obstante, é preciso fazer alguns esclarecimentos.

Decidir não é fácil, nem no íntimo, no privado, no familiar, nem no profissional, nem, em geral, no social.

Decidir não é fácil, nem muito menos fazer hoje o que você decidiu ontem, nem sequer para as autoridades sociais que têm reconhecido poder: prefeitos, chefes de governo...

Não é fácil os outros deixarem você realizar o que decidiu.

Nesses casos, é bom levar em conta que já é um grau de decisão (mesmo que não se possa executar a decisão, traduzi-la para fatos vivos no cotidiano) o fato de ser consultado, levado em consideração, na hora de decidir, antes de decidir.

■ **Gestão:** mãos à obra. Nada se mexe se você não se mexer. Trata-se de gerir decisões.

De plasmar em fatos vivos, no cotidiano pessoal, as decisões que foram tomadas individualmente ou em equipe.

■ **Avaliação:** passado um tempo, é imprescindível que todos os seres humanos que participaram do processo façam uma avaliação oral e escrita do processo global e dos processos parciais da proposta de anteprojeto de participação urbana que se transformou em 'seu' projeto vivo, plasmado na realidade de sua pessoa, de sua entidade, de sua rua, de seu bairro, de sua cidade, de seu país."

RELAÇÕES ENTRE OS "CÊs" E AS ETAPAS

(*Vivir, educar: desde la seducción, el amor y la pasión,* pp. 195-197)

Agora quero oferecer uma explicação bem simples das diversas relações que se dão entre as seis etapas de um processo de participação cidadã em nível individual ou social e os nove 'cês':

Informação: aqui devem ser reforçados os 'cês' de comunicação, conhecimento e credibilidade. Talvez já se provoque algum conflito.

Opinião: aqui, os 'cês' de comunicação e conhecimento. É possível que já se inicie algum conflito e que se possa gerar um pouco de credibilidade.

Planejamento: aqui devem-se potencializar todos os 'cês'. Certamente conflitos serão provocados. E se não forem provocados, é preciso analisar as causas.

Em **decisão e gestão**, o mesmo que em planejamento.

Na **avaliação**, será preciso relacionar todos os 'cês', mas é bem possível que os conflitos não apareçam, sobretudo se os que se produziram ou foram provocados nas etapas anteriores tiverem sido elaborados.

Deixem-me esclarecer que os conflitos que ocorrem nesses casos, isto é, em qualquer processo de participação cidadã, podem ser de três tipos:

■ Conflitos que são provocados sem que se possa prever, normalmente por falta de capacidade de previsão da pessoa (se é um processo de participação em meu processo de vida) ou do grupo que está participando.

■ Conflitos que são provocados pela dinâmica que se está produzindo, gerando, aos quais é preciso dar resposta.

■ Conflitos que pessoas com capacidade, humana ou humano-técnica, se autoprovocam ou provocam ao grupo respectivamente, como procedimento técnico que possibilita o crescimento individual ou do grupo, e o intercâmbio daí resultante.

Para realizar esse tipo de provocações, de conflitos, é preciso garantir, no mínimo, duas condições:

■ Conhecimento do estado real da pessoa que se autoprovoca um conflito ou do grupo, comunidade... no qual se provoca o conflito, para analisar se a pessoa ou o grupo-comunidade têm capacidade, nesse espaço-tempo, de poder assumir a provocação à qual se vai submeter ou à qual serão submetidos.

■ Capacidade de assumir possível falha em relação à margem de risco calculado, no caso de a provocação superar a capacidade da pessoa ou do grupo-comunidade de assumir a provocação nesse momento, e de o conflito provocado ser superior ao esperado.

Ocupamos momentos de nossa vida, eu, em escrever depois de refletir, e vocês todas e todos em ler páginas que transmitiam idéias sobre como ser espontâneo, a importância de ser espontâneo, de manifestar-se na vida com a máxima originalidade, frescor, cada um exatamente do modo como é, sente, pensa.

De não viver como um 'clone', mas de forma original, vivendo a partir da originalidade irrepetível e única que cada ser humano é.

Evidentemente, tomando as precauções que cada um julgue convenientes, se assim o desejar. Trata-se de um jogo de liberdade ao qual tem todo o direito, mas sobretudo depois de ter realizado um esforço, depois de ter-se empenhado em iniciar um processo de libertação pessoal em busca da liberdade. Essa liberdade dinâmica que, por sorte, nunca se alcança totalmente, que é preciso continuamente, toda a vida, ir perseguindo, não de forma angustiada, mas distendida.

E também, sobretudo, depois de ter feito a opção (eu a sugiro já no título do livro) de iniciar um processo de jogo sério de sedução-amor-paixão consigo mesmo e com o entorno.

Quando digo entorno, digo-o em sentido total, global, não só com os outros seres humanos, mas com a natureza, com todos os seres que nela existem, não apenas os humanos.

Ser espontâneo, com cada ser humano remontando, o máximo possível, a sua origem, a seu nascimento, para assim resgatar a própria originalidade, iniciar o próprio processo de libertação.

Libertação pessoal em busca da liberdade individual e social, que sempre vão juntas.

Processos que se plasmam, se fazem patentes, a partir de processos de participação cidadã.

Processos de participação cidadã nos quais sugeri se vivam seis etapas e nove 'cês', a partir de uma ordem que proponho e, esta sim, de forma imprescindível.

Agora, faço uma pergunta, que é para mim muito importante. Mais que a pergunta, a resposta que cada leitora ou leitor vai oferecer a si mesma, a si mesmo, mais que a mim (eu gostaria de conhecê-la) e depois, se quiser, pode rentabilizar socialmente, comunicando-a a seu entorno.

Sem esquecer que as respostas inteligentes costumam ser aquelas que são oferecidas, não sem antes cada ser humano ter-se realizado outra pergunta à qual responde.

A pergunta anunciada é:

Vocês não acham, leitoras e leitores, que os diversos processos que proponho realizar para se chegar a ser espontâneos, originais, provocar e viver os nove 'cês', possibilitar que eles se fortaleçam, se realizem, viver as seis etapas dos processos de participação pessoais na própria vida e na vida social... vocês não acham, volto a perguntar, que no fundo primeiro, de forma latente, e na forma ulterior, de forma mais patente, são sérios jogos de sedução-amor-paixão?

Continuo a relacionar os pontos mais importantes:

- O projeto que surgir da proposta deveria ser um ESPAÇO de infância e de juventude, apoiado por adultos, no qual as crianças, adolescentes e jovens demonstrem que a relação com os adultos, que o apoio que estes realizam, não passa essencialmente por *ter de renunciar constantemente* a seus próprios critérios, idéias... em prol dos adultos.
- O projeto deveria ser um *espaço de encontro* motivado pela vontade de se escutar, de contar, ou seja, de comunicar-se.
- O projeto deveria ser um espaço onde as crianças, adolescentes e jovens assessorem, critiquem, proponham ao adulto, seja consultados pelos adultos, mas também um espaço onde eles se critiquem, se questionem, reflitam, creiam, construam, façam.
- O adulto deverá entender que esse espaço deverá ser fundamentalmente lúdico, especialmente para a infância e a adolescência, e que

esse “tom lúdico” não tem por que ficar contido, nem ser sinônimo de ausência de sólidos conteúdos.

■ A partir desse espaço, as crianças, adolescentes e jovens deverão promover meios, além de recebê-los.

■ As crianças, adolescentes e jovens que forem realizando a transformação da proposta em projeto deverão, o mais cedo possível, demonstrar que, além de oferecer:

- Propostas de anteprojetos
- Declarações
- Palavras

que são necessárias, ainda se oferecem, de forma paralela, fatos concretos, tangíveis (apoio mínimo de infra-estrutura, contatos...) como reconhecimento de suas capacidades de executar, de seus saberes, mais que como uma oferta de poder.

■ Participação não se improvisa. Não se aprende de imediato. Requer um processo de:

- Informação-sensibilização
- Formação

Em vista disso, devem-se organizar:

a) Sessões de informação-sensibilização-debate-concretização com intervenção de adultos, crianças, adolescentes e jovens com experiência em participação, abertas a todas as crianças, adolescentes e jovens que desejem participar.
b) Sessões de informação-sensibilização-formação de políticos sobre participação social.
c) Sessões de informação-sensibilização-formação de cidadãos e cidadãs em geral.
d) Cursos de formação em participação social com profissionais, políticos, cidadãos de base.
e) Cursos de formação em participação social de formadoras e formadores.

■ Será preciso levar em conta, desde o início do processo de transformação da proposta de anteprojeto em projeto, que *todos e todas estamos aprendendo (ou apreendendo, incorporando) a participar juntos* (crianças, adolescentes, jovens e adultos). Conseqüentemente, haverá erros por parte de todos; diante dos quais teremos, todos e todas, de adotar uma atitude de desculpa, compreensão e de saber aprender dos erros como uma conseqüência lógica e positiva provocada pelo fazer, provar, arriscar-se para, ao final, saber.

■ Nesse sentido, há que se estar atento:

a) A uma possível reação por parte das crianças e jovens (quando começam a demonstrar que sabem e podem participar) de "repetir" o que em geral receberam como atitude da maioria dos adultos:

- Não os levando em conta.
- Atacando-os ou menosprezando-os.

b) A uma possível reação defensiva dos adultos, diante da demonstração de cessão de poder que têm de fazer em prol da infância, da adolescência e da juventude.

■ Os adultos que colaboram com as crianças, adolescentes e jovens nesse processo, quando falarem em representação deles, delas em algum fórum, deverão fazê-lo só depois de tê-los consultado e escutado.

■ Desde o início, serão estabelecidos indicadores de avaliação do processo, que precisarão refletir:

- Dificuldades, resistências que foram surgindo entre a infância, a adolescência, a juventude e o mundo adulto (políticos, técnicos, sociedade em geral...)
- Mudanças, elementos positivos, que foram sendo provocados em ou a partir da infância, da adolescência, da juventude, dos adultos, da cidadania em geral, dos bairros, da cidade...

CAPÍTULO 5

OUTRA EDUCAÇÃO, OUTRA ESCOLA POSSÍVEL: OS CEUS (CENTROS EDUCACIONAIS UNIFICADOS)

Por meio da multiplicidade dos gestos cotidianos, o ritual lembra a comunidade que possui corpo.

MICHEL MAFFESOLI, sociólogo

Um dos prazeres, uma das experiências gratificantes que me propiciou o trabalho de colaboração com a Prefeitura de São Paulo foi poder conhecer e posteriormente sentir e viver a realidade dos CEUs no momento de seu início, em cumplicidade com a realidade "companheira" também inicial do OP Criança.

Bastou-me ver, visitar, sua arquitetura, seu projeto, seus espaços, cores... para perceber que eu estava diante de outro tipo de educação, de escola possível.

Posteriormente, pude ler o livrinho publicado pela Secretaria Municipal de Educação da Prefeitura de São Paulo. Minha impressão tornou-se ainda mais patente (sugiro que seja submetido a uma leitura profunda, uma leitura "entrelinhas") pelos dados que trazia sobre seu enfoque, seus objetivos, seus três blocos integrados, seu modelo de gestão, o porquê da localização física, seu enfoque de formação permanente, de trabalho comunitário...

Destaco os aspectos mais relacionados com esta outra educação, outra escola possível que os CEUs oferecem já como realidade, não como utopia:

- Deseja promover cidadania [não se faz referência apenas à criança, ao adolescente, à(ao) aluna(o), à(ao) filha(o), mas essencialmente a(ao) cidadã(ão)].
- Deseja oferecer a garantia, a toda a população, de acesso a seus direitos fundamentais: "vida, alimentação, saúde, educação, participação, cultura, lazer, dignidade, respeito, convivência familiar e comunitária" (atende primeiramente a desejos e interesses).

■ Deseja "romper o ciclo estrutural de miséria", dialogando com os programas de: "Bolsa-Trabalho, Renda Mínima e Começar de Novo" (também atende, mas não só isso, a necessidades e problemas).

■ Deseja integrar:

– a escola com a comunidade do entorno, "com os que moram", vivem próximo (o outro, o próximo)
– a comunidade com a escola.

Com esse objetivo, propicia, nos finais de semana, o programa "Escola Aberta" (sei, porque con-vivi com eles, com suas crianças e adolescentes, seus profissionais de CEUs e do OP Criança, os políticos, as famílias..., que durante a semana também é, ou sente o desejo de que seja, "Escola Aberta").

Em outras palavras, deseja abrir nas paredes dos CEUs grandes espaços por onde entre e saia o oxigênio da vida, da cultura, da arte.

Não deseja escolas e comunidades fechadas, incomunicáveis, mortas, obsoletas, reprodutoras da escola, da educação que não queremos.

Deseja, a partir de um enfoque de duas comunidades educativas próximas (o CEU e o bairro), a comunicação, o intercâmbio de sentires, saberes e fazer entre elas.

O intercâmbio de potencialidades, de desejos, experiências, de visões, dúvidas, interesses, de críticas, de medos, de informações, opiniões...

■ Deseja evidenciar o que é um ser humano e, em conseqüência, o que deve ser o espaço-tempo onde se educa (a escola) e a intervenção que se deve realizar (a educação) quando organiza, arquitetônica e pedagogicamente, três espaços diferenciados, mas inter-relacionados:

– o didático
– o cultural
– o desportivo.

Leva em conta o que disse e o que direi de um ser humano como:

a) um ser desejante
   um ser de linguagens (sente)
   um ser de múltiplos afetos
b) um ser:
– cujo corpo é sua primeira cidade
– cuja pele é sua primeira fronteira
– cujo interior é seu primeiro espaço
– cujo desejo é seu primeiro motor
c) um ser essencialmente composto por:
– sentimento

– razão
– espírito
– corpo.

Leva tudo isso em conta e por isso planeja, constrói, diferencia, relaciona espaço-tempos para o sentimento e a razão, para o espírito e o corpo.

■ Deseja uma educação, uma pedagogia que contemple:
– o ser humano integral
– a ciência educativa integral, incorporando em seus programas educativos matérias como: cinema, teatro, música, dança, artes plásticas...

Volta a levar em conta a pedagogia profunda e o ser humano em profundidade.

Sugiro novamente que leiam meu outro livro: *Vivir, educar: desde la seducción, el amor y la pasión.*

Nele eu demonstro como um profissional do humano, do socioeducativo, não pode se alimentar apenas de pedagogia, de psicologia... É vital que ele se alimente também de teatro (o teatro da vida), de cinema, poesia, filosofia, literatura...

Eu aprendi muito com essas outras artes, essas outras ciências. Eles me permitiram ir consolidando a Pedagogia da Vida Cotidiana. Sei que uma pedagogia que se alimenta apenas de pedagogia, de psicologia ou de ciências, entendidas pela cultura dominante como próximas, é uma pedagogia morta.

Evidentemente, a Pedagogia da Vida Cotidiana, como seu nome indica, não podia cair nesse erro. Acredito que o evitei.

E, como eu dizia, leva em conta o ser humano integral, porque suas sete linguagens, já descritas em capítulos anteriores, têm a ver – quando deseja viver, provocar vida, educar-se e educar – não apenas com a pedagogia e a psicologia "oficial", mas, essencialmente, com a poesia, o cinema, o teatro, a dança...

Alguém disse: "mens sana in corpore sano". Eu acrescentaria, e colocaria em primeiro lugar: "sentimento vivo".

■ Com um enfoque evidentemente freiriano, deseja que se evidencie o dinâmico do saber, quando afirma: que o CEU é um espaço onde "o aluno ensina a aprender e o professor aprende a ensinar" (ou seja, ambos educam, ultrapassam o âmbito do aprender e apreendem, o saber e o poder do saber é dinâmico. A infância-adolescência, as famílias também sabem, não apenas os profissionais, mulheres e homens, da educação, da participação da política. Nos CEUs ou em qualquer centro educacional).

■ Levam em conta um enfoque educativo e de participação intergeracional, incluindo em seu planejamento de atividades várias dirigidas à terceira idade. (Não se esquecem do valor da soma. Da soma de capitais socioeducativos, sociopolíticos que oferecem, não só o mundo adulto, mas também a infância, adolescência e juventude e a terceira idade, os idosos. Sobretudo em conexão, em intercâmbio.)

■ Oferecem-se os CEUs como centros de debate, de referência, mas desejosos de ser um espaço de "experimento de projetos inovadores em todas as áreas, com a possibilidade de acumular conhecimentos sobre práticas educativas, reunindo escolas e outras instituições interessadas em debater e em adequar as experiências a outros contextos". (Desejam a investigação para inovar, o aprender de outras experiências, de outros enfoques, não se sentindo em nenhum momento como o "único nem o melhor modelo, imutável, para sempre". Desejam adequar a educação à vida do contexto, fazer o intercâmbio de vidas, contextos, realidades...)

■ Não se esquecem de incorporar as novas tecnologias ao programa educativo, oferecendo em cada CEU um espaço de Telecentro, com 20 computadores de acesso rápido à Internet. (O novo, integrado com o eterno. As novas tecnologias conectadas com o sentir e o pensar. Conectadas com a música, o corpo, a dança, a mente, o cinema, o teatro... a matemática, a física...)

■ Deseja evidenciar sua vida, sua inovação, sua programação revolucionária e alternativa até mesmo com algo tão patente como:

a) o espaço físico que cada CEU ocupa: aproximadamente 13 mil metros quadrados.

b) a arquitetura diferenciada de cada espaço:

- um espaço retangular para o didático
- um espaço quadrado para o cultural-desportivo
- um espaço circular, também para o didático, mas sobretudo para a base, o presente (não apenas o futuro) de uma comunidade, um bairro, uma cidade, um país, o mundo: a primeira infância.

Espaço chamado: "a árvore da vida".

Espaços ligados entre si arquitetônica e, o que é mais importante, pedagogicamente.

Espaços diferenciados por sua forma, suas cores, seus conteúdos, suas vivências...

(Sinto que toda sua arquitetura, seu desenho, suas cores, são uma valiosa soma a sua programação socioeducativa e política. É uma provocação patente que deseja somar-se ao mais difícil de detectar, por ser latente. Lembro que, em minha visita ao primeiro CEU, o de Vila Atlântica, percorrendo seus diversos espaços, ao observar o espaço circular, reservado para a primeira infância, e ao ouvir o nome que haviam decidido dar ao espaço e a suas crianças, seus profissionais, suas famílias, comunidades, cidade, país... sugeri que fosse o "participódromo" de cada CEU (senti, pensei, que em um bairro de São Paulo, brasileiros com sua cultura de "sambódromos", minha proposta de nome seria entendida), por razões arquitetônicas e pedagógicas.

O arquitetônico demonstrou-me que estava diante dos espaços perfeitos de apoio aos processos de participação cidadã:

- Um espaço circular abaixo para realizar a assembléia, o debate geral, as propostas a apresentar, a sucessão dos temas a ser discutidos...
- Outro espaço circular acima, com possibilidade de ser transforma do em vários espaços para diversos grupos de debate que explicitam seus pontos de vista, seus desejos, interesses, necessidades, problemas... a ser apresentados depois na sala inferior como conclusões de grupo para chegar ao acordo da assembléia.

Alguém comentou comigo que a proposta, a idéia eram boas, mas o tipo de mobiliário (adaptado à primeira infância) era inconveniente para idades mais avançadas.

Eu sentia, pensava, que, mais que um inconveniente, era uma vantagem: podia ser mais uma forma de aproximação físico-pedagógica dos profissionais e das crianças de outras idades mais avançadas à realidade físico-pedagógica da primeira infância.

Uma oportunidade de se aproximar profundamente daquilo que eles, com sua altura física, com o mobiliário que utilizam, os espaços que freqüentam, captam, vêem de seu mundo e do mundo das crianças mais velhas, dos adultos.

Uma possibilidade, para mim apaixonante, de "elevar-se", não de rebaixar-se, ao nível da primeira infância, da autêntica origem do sentir, do saber e do fazer, do jogo simbólico, da fantasia, da imaginação, da criatividade, da alegria, do lúdico. Uma possibilidade a mais de conectar com o que certamente será a base de inovação e a consolidação de cada CEU e de cada OP Criança: a incorporação, sobretudo, dos desejos, interesses, idéias, criações, sugestões, temores, dúvidas... da primeira infância, em cumplicidade com as outras infâncias, com a adolescência, a juventude, os adultos e a terceira idade, com as diversas programações, propostas de mudança...

Sugiro a leitura dos livros do pedagogo italiano Loris Malaguzzi e do também pedagogo polonês Janusz Karczak, citados na bibliografia.

■ Apresentam um novo modelo de gestão "entre as áreas social e pedagógica em relação com as demais instituições educativas da região, considerando também que este novo modelo será articulado entre várias instâncias governamentais e o desenvolvimento de patrocínios com organizações da sociedade civil. (É um exemplo, uma realidade concreta sobre o que proponho em minha alternativa, no esquema B do segundo capítulo deste livro, quando sugiro a transformação dos Serviços Sociais, de forma paulatina, sem pressa, mas sem cessar, em Centros de Encontro, Gestão e Participação Cidadã.)

■ Para finalizar, faço alusão à frase-mensagem, ao sentimento-pensamento-ação, mensagem que leio na contracapa do livro publicado sobre os CEUs: "A cidadania decolando em São Paulo". Sem dúvida, uma frase provocadora, desde o início. Constitui um convite a voar, a sonhar, a decolar, a "des-fazer-se" deste mundo real, da educação majoritária que não funciona, da cultura dominante que anula o desejo ou o volta inteiramente para o consumo para depois ser detido pela realidade... Um convite a criar, pisando no chão, a partir desta realidade, esse outro mundo possível. E não afirma que a infância-adolescência dos CEUs está decolando. Diz a cidadania com, a meu ver, uma dupla mensagem:

- A infância-adolescência dos CEUs é cidadã.
- Não apenas decola a infância-adolescência dos CEUs. Os CEUs potencializam, sobretudo, em cumplicidade com o OP Criança, uma decolagem de toda a cidadania, da cidadania intergeracional, inter-racial, intercultural...

Uma vez ressaltados os aspectos dos CEUs que mais evidenciam que em São Paulo já existem realidades desse outro mundo possível, que talvez venham a contaminar outras, quero dizer algo que para mim é importante.

Sinto que os CEUs são, e serão cada vez mais, sobretudo com o apoio de todos os protagonistas que neles convivem e trabalham, espaços onde a Pedagogia da Vida Cotidiana e o DESDE-COM poderão ser companheiros de viagem, dessa grande e primeira viagem que é a vida.

E que nos CEUs conviverão conceitos de pedagogia viva, possíveis de viver em suas salas de aula, em seus corredores, em seus espaço-tempos esportivos, lúdicos, de expressão corporal, musicais...

Espaço-tempos e pedagogias que nos levarão a esquecer, felizmente, um conceito obsoleto, negativo, morto de não-educação, de antiescola, que eu definiria como aquele que:

- não respeita a liberdade do ser humano em geral, nem da infância, adolescência e juventude em particular, de forma sutil (a mais perigosa) ou evidente.

- não propõe possibilidades.
- não aceita que não se aceite.
- baseia-se no transplante de idéias...
- corta as raízes do ser humano, privando-o assim dos fundamentos de sua própria história, de se conectar com ela.
- impede, em conseqüência, que o ser humano se comunique consigo mesmo e com seu entorno.
- intervêm de cima e de fora.

E que irá despertando em nós evidências de um estilo educativo-participativo, sobre conceitos e realidades de educação positivas e progressistas. Menciono algumas.

A educação entendida como aquela que:

- Adquire sentido quando "desaparece" o conceito de "educação" (entendida como aquela de enfoque negativo que privilegia a noção de poder) e aparece o conceito de relação (com a noção, a conotação sobretudo de ponto de referência dinâmico).
- Contrasta fundamentalmente os sentires, os saberes e os fazeres da cidadania, dos profissionais e das comunidades.
- Ensina sobretudo a formular, a construir perguntas, não a respondê-las, não a repetir respostas pré-fabricadas, não a perguntar com a intenção de que se responda o que outros decidiram ou escreveram.
- Promove atividades, com o objetivo especial não de fazer atividades, e sim de, a partir delas, desenvolver, potencializar as capacidades do ser humano.
- Cria um ambiente:

- "alimentício"
- caloroso, acolhedor, carinhoso
- estimulante
- comunicador
- participativo
- firme, exigente.

Repito o que afirmei na introdução: todo o conteúdo é aplicável a qualquer experiência educativa, participativa, não exclusivamente aos CEUs/OP Criança.

Desejo um grande presente e futuro aos CEUs, a seu "companheiro" de viagem, o OP Criança, e a qualquer centro, instituição, espaço, bairro, cidade ou país que aposte nesse tipo de educação já concretizado nos CEUs, possível onde se deseje e se aposte com firmeza e com perseverança.

CAPÍTULO 6

OUTRA PARTICIPAÇÃO CIDADÃ POSSÍVEL: O OP CRIANÇA (ORÇAMENTO PARTICIPATIVO CRIANÇA)

Tenho a impressão de que se as crianças pudessem revelar livremente sua visão da sociedade, da escola, da autoridade e do futuro, os problemas mais fundamentais e urgentes de sua sociedade poderiam apresentar-se da forma mais pura possível...

MANDRED MAX NEEF, prêmio Nobel de Economia

Como o tema deste capítulo é a participação cidadã, talvez seja útil fazer uma pequena referência à palavra participação e aos múltiplos matizes de suas definições, para permitir que mais tarde as leitoras e leitores se aprofundem mais facilmente no conceito-realidade de participação cidadã em sua relação com o OP Criança.

O conceito participação é composto de três partes:

- *Pars* (raiz latina) = parte
- *i* (vogal de ligação)
- *ceps* = o que toma

Ou seja, o que toma parte, o que compartilha.

A partir dessa definição primordial, fui concretizando, ao longo de minha experiência profissional, diversos conceitos da palavra participar, uma lista deles.

Alguns eu ouvi, outros encontrei em minhas leituras, um ou outro foi criado por mim a partir de minhas vivências de participação como pessoa ou profissional no âmbito da vida cotidiana. A maioria deles fornecidos por um conferencista em algumas jornadas sobre participação de infância.

Reproduzo-os para vocês:

1. Participar é tomar partido em alguma coisa. É fazer parte de alguma coisa.
2. Participar é organizar-se com outros para ser responsáveis conjuntamente pelo máximo de aspectos que constituem a nossa vida.

3. Participar é sentir-se soberano.

4. Participar é algo político, um jogo democrático.

5. Participar não é uma finalidade, mas um meio que nos ajuda a tomar consciência da realidade.

6. Participar é ser protagonista e solidário ao mesmo tempo, para mudar a partir do compartilhar.

7. Participar é a capacidade de dar e de receber. Eu saio de mim, me expresso como sou e sou permeável.

8. Participar é a capacidade de assumir dificuldades, incômodos e gozar a vida.

9. Participar supõe enviar uma mensagem e acompanhá-la com alguma ação.

10. Participar não é apenas decidir, mas trabalhar.

11. Participar não é só falar, é também ouvir.

12. Participar é acreditar que o projeto é importante.

Esclarecido o conceito, passemos agora a falar sobre o que o OP Criança representa como proposta de anteprojeto de participação cidadã, como concretização da palavra na vida real.

Entrei em contato com o OP Criança em julho de 2003, quando ainda era uma utopia, um sonho, um ligeiro esboço no sentir, pensar e fazer de um grupo de pessoas da Coordenadoria do Orçamento Participativo (COP), da Prefeitura de São Paulo, que havia decidido criá-lo, como uma conseqüência coerente, ética, democrática e imprescindível do OP.

Já afirmei em algum lugar deste livro que não existe democracia se esta não é intergeracional. A meu ver, não existe OP democrático se não incorpora todas as idades em sua organização.

Minhas primeiras relações ao vivo foram com o OP. As informações que eu tinha sobre o OP Criança, sobre sua sutil primeira proposta de anteprojeto, vinham do papel, embora eu as sentisse no político e nos profissionais que formavam a equipe que inspirou, que criou a utopia.

Foi naquelas primeiras relações, em um seminário de avaliação do OP, em uma assembléia de conselheiros do OP que comecei a sentir, ao vivo e em cores, o que é a participação cidadã honesta, verossímil, do princípio ao fim.

Assisti a debates, intervenções, votações, mas sobretudo percebi o orgulho. Orgulho de cidadania, orgulho do OP, do bairro e da cidade. Lembro-me de uma cidadã que me disse: “Isso é nosso”. Não me disse apenas com palavras. Todo o murmúrio de seu corpo tinha orgulho de seu protagonismo.

Dois meses depois, em setembro de 2003, comecei a me relacionar com os criadores da proposta do OP Criança.

E considerei como um indicador de altíssima qualidade o fato de eles terem me proposto, como primeira atividade, cursos de formação para elas, para eles, sobre Pedagogia da Vida Cotidiana e suas metodologias socioeducativa e participativa: as sete linguagens do ser humano... o DESDE-COM. Indicador de qualidade porque é perigoso iniciar utopias sem garantir ao máximo sua realização, a partir de uma formação sólida que apóie os diversos processos que serão provocados.

Comentei que, embora o OP certamente havia sido uma provocação sociopolítica e educativa em São Paulo, o OP Criança iria provocar ainda mais. Por uma razão objetiva, dizia eu. O OP é dar mais poder ao adulto, poder justo, poder que agrada. E o OP Criança é dar mais poder à infância-adolescência. E, mundialmente, não só em São Paulo, sempre que na história a infância-adolescência retoma o poder perdido ou assume o poder, o mundo adulto, até mesmo o mais próximo a ela pessoal ou profissionalmente, costuma reagir com um certo nível de nervosismo-rejeição-precaução... sobretudo diante das duas evidências que esse retomar ou assumir poder provoca:

- O de que o mundo adulto assumiu um certo poder que correspondia à infância-adolescência e que, em conseqüência, precisa devolver.
- O de que a infância-adolescência possui capacidades que o mundo adulto não tem ou tem em menor grau.

Um exemplo patente nesta era das novas tecnologias é a maior capacidade de compreensão e de manejo que crianças e adolescentes têm em relação a elas.

Essa aposta pela formação pareceu-me, repito, um indicador de qualidade, também por significar um grande respeito pela infância-adolescência, pela educação e pela participação cidadã.

Respeito pela infância-adolescência por não querer se aproximar dela, fazer-lhe propostas de OP Criança e de CEUs, de OP Criança nos CEUs, sem antes aprofundar conceitos-chave como:

- o que é educar
- o que é ser educador
- o que é a infância-adolescência
- o que é a participação cidadã
- o que é democracia participativa.

Outros indicadores de qualidade foram sendo oferecidos. Um, o fato único, em toda minha trajetória profissional como formador-assessor-consultor, de perceber o desejo dos políticos responsáveis pelo OP Criança e pelos CEUs de assistir aos cursos de formação.

Outro, a realização do curso não apenas para os profissionais do OP Criança e dos CEUs, mas também para outros departamentos municipais, outras entidades e ONGs da cidade de São Paulo.

Outro fato a me chamar a atenção foi a publicação elaborada para explicar o OP Criança que, já na capa, trazia o lema: "Exercendo a cidadania desde a infância".

Senti um grande prazer ao ler, ao sentir, como as crianças de centros educativos não eram chamadas de alunos(as), mas, sobretudo, de cidadãos(ãs).

E em seu interior objetivos como:

- Aumentar a participação da infância-adolescência na gestão democrática da escola.
- Integrar as contribuições do OP Criança no projeto político-pedagógico das escolas e da política municipal, enfatizando a educação como um direito da infância-adolescência.
- Articular as ações do OP Criança com as do OP.
- Possibilitar espaços e oportunidades de mútua educação continuada entre crianças, jovens e adultos, enfatizando a participação infanto-juvenil.
- Estimular a criação de órgãos de representação infanto-juvenil e fortalecer os já existentes.
- Definir prioridades, no universo das políticas sociais, a partir de uma perspectiva de infância e adolescência.
- Aumentar os recursos orçamentários para as ações que têm crianças e jovens como público participante, privilegiado e imediato, vendo a dimensão realista das propostas apresentadas e a atenção às prioridades estabelecidas.

Posteriormente, leio em seu capítulo "Ação e desenvolvimento metodológico":

> *O projeto de formação do OP Criança para o município de São Paulo fundamenta-se em uma metodologia de Planejamento Socializado Ascendente, que procura romper o tradicional método brasileiro de planejamento, centralizado e de cima para baixo. Essa metodologia é muito simples: a partir de níveis mais pontuais, por avanços progressivos e ampliados para os de maior aglutinação, as propostas vão sendo apresentadas, democraticamente organizadas por ordem de prioridade e, em seguida, são consolidadas e aprovadas em assembléias deliberativas de nível respectivo.*

E, evidentemente, chegou o momento mágico do encontro *in situ* com as crianças e adolescentes e com os profissionais responsáveis pelo desenvolvimento do OP Criança nas salas de aula, atividades e planejamentos dos CEUs.

Propus a criação de um "grupo faísca" que, como seu nome indica, se encarregasse de "acender a faísca" de cada OP Criança em seu CEU.

E que, a partir daí, se passasse, pouco a pouco, a consolidar, com a extinção do "grupo faísca", um grupo motor, em cada CEU, de todo o processo educativo-participativo que ambas as utopias, já realidades primeiras, em cumplicidade, estavam provocando.

Participei de reuniões, assembléias, encontros informais com os membros, meninas e meninos, adolescentes dos grupos faísca, com os delegados... E com os profissionais. Votações, debates, propostas, provocações, sugestões...

Mas, essencialmente, evidências latentes e patentes de desejos, sentimentos, emoções, vivências, mudanças, expectativas, murmúrios de corpo que falavam de presente-futuro em conexão, de infância, adolescência e juventude e mundo adulto e terceira idade em conexão.

Orgulho de mães e pais por sua filha ou seu filho pertencerem ao grupo faísca.

De profissionais esperançosos e, evidentemente, em algum momento precavidos ante a irrupção de vida, de dinamismo que ambas as realidades comunicadas estavam provocando em suas práticas diárias.

Meus contatos com São Paulo continuaram, diretamente na cidade, indiretamente a partir de Barcelona, como técnico da Direção de Participação Cidadã da Coordenadoria de Participação Cidadã, Solidariedade e Cooperação de sua Prefeitura.

E, em todos eles, continuei a encontrar o indicador de qualidade: demanda permanente de formação direta em São Paulo, indireta a partir de Barcelona, por telefone ou por meio das novas tecnologias, com documentos, sugestões pedagógicas de apoio às diversas e múltiplas atividades que duas propostas de anteprojeto como essas supõem, em uma cidade de 10 milhões e meio de habitantes.

E, como último indicador de qualidade, a solicitação que recebi de colocar neste livro toda a pedagogia e a metodologia que possibilitei e continuo a possibilitar, com o objetivo (o que eleva o grau de qualidade deste último indicador, por enquanto, pois haverá outros) de oferecê-lo aos profissionais que nelas trabalham. E em dois próximos eventos socioeducativos e políticos: o Congresso Municipal de Educação e o Fórum Mundial de Educação.

Creio que o eleva, pois me fala do desejo das responsabilidades políticas e técnicas de criar uma rede, de estender esta proposta de anteprojeto, transformando-a já em projeto, a outros espaços, cidades e países do mundo.

Um vídeo elaborado há poucos dias evidencia e ressalta de forma mais objetiva, com imagem e som, a maioria dos indicadores, para não dizer todos, que eu descrevi.

Digo de forma mais objetiva, porque os olhares, as expressões, o que os protagonistas crianças e adolescentes, adultos, técnicos e políticos dizem nele, com a palavra e com os gestos, as atitudes, oferecem mais objetividade, mais credibilidade que a palavra escrita. Embora esta, quero enfatizar, seja sentida, baseie-se fundamentalmente, não unicamente, no sentir.

Para concluir este capítulo, gostaria de destacar que acredito que o OP Criança irá consolidar, além de seus objetivos, os objetivos dos CEUs.

O fato de haver, em algumas classes, em alguns centros educacionais, como eu disse, como "companheira de viagem", outra proposta de participação, o OP Criança, constitui uma garantia.

Aspirações tão elevadas, níveis tão ambiciosos de participação de crianças e adolescentes, apostas tão profundas em prol do protagonismo da infância, adolescência e juventude em cumplicidade com o mundo adulto e com a terceira idade não seriam possíveis se não houvesse esse apoio mútuo, bidirecional.

Sinto que o OP Criança oferece aos CEUs um apoio forte, com sua metodologia de intervenção participativa (DESDE-COM), para a metodologia de intervenção socioeducativa (sete linguagens, colocar-se em situação, ser desejante...) mais própria dos CEUs.

Pode transformar a explicação da professora, o cumprimento da criança ao professor, a reunião de conselho, a conversa aparentemente informal de meninas, meninos e professores no tempo livre, próximo às piscinas, na quadra de esportes... (já em si profundas mediações educativas, do ponto de vista da Pedagogia da Vida Cotidiana) em realidades, relações socioeducativas mais vivas por serem alimentadas e apoiadas por toda a aprendizagem democrático-participativa que o OP Criança está propiciando com seus "grupos faísca", "grupos-motores".

Com suas propostas, suas tentativas de atingir seus objetivos. Com sua participação na gestão do orçamento da escola e, sobretudo, com suas relações com os cidadãos que participam do OP, com suas relações com os profissionais do OP Criança de fora da escola, do que oficialmente se entende por espaço educativo.

O OP Criança ajuda os profissionais dos CEUs, desejosos de ajudá-los, não limitados à infância-adolescência, mas abertos à comunidade, a conseguir essa abertura com toda uma metodologia de intervenção participativa, apoiando-o o conferindo-lhe mais sentido.

Isso irá acontecendo, é claro, cada vez mais.

Será concretizado especialmente no momento, que eu espero não demore a chegar, em que os cidadãos e cidadãs que compõem o OP desejem (se é que isso já não aconteceu) se comunicar com os cidadãos e cidadãs que estão organizando o OP Criança como protagonistas imprescindíveis. E desejo que esta comunicação do OP Criança não se realize com uma atitude de curiosidade, muito menos protecionista, nem sequer de simpatia, mas com um reconhecimento de seu sentir, pensar e fazer, seguro, diferente em um desejo de comunicar OP e OP Criança, de aprender juntos e ir preparando outro momento mágico e apaixonadamente utópico: o momento em que o OP Criança desapareça e passe a existir apenas o OP, não apenas de adultos e jovens como agora, mas um OP intergeracional com representação de todas as diferenças, vividas como enriquecedoras, incluindo a diferença de idades.

E sinto também que os CEUs oferecem ao OP Criança, a cada dia, o que é mais importante: a cada instante, através da infinita soma de momentos triviais, latentes dessa vida cotidiana, o campo de ação, o campo de experimentação, de avaliação e, finalmente, de concretização de seus objetivos participativos.

Finalmente, eu gostaria de afirmar (e costumo fazê-lo muito quando escrevo ou quando falo sobre o humano) que as realidades dos CEUs/OP Criança são, já, exemplos desse outro mundo possível. São uma resposta muito concreta à sociedade alternativa que proponho no esquema B do segundo capítulo deste livro.

São alguns processos em que se evidenciam claramente como aconteceram, como estão acontecendo, como estão sendo vividos, experimentados, os nove "cês", as seis etapas... dos processos de participação cidadã... verossímeis, profundos, comprometidos com a mudança social, com a mudança de mundo.

Processos que irão consolidando cidadãs e cidadãos participantes ativos na vida social de suas instituições, comunidades, ruas... que muito possivelmente evitarão que ocorram dois tipos de participação cidadã provocados pelo mundo não-desejável atual, ao qual procuramos oferecer e oferecemos uma alternativa:

- A participação resistência
- A participação "sobre-vivência"

Ou seja, é só participar como resistência ante um poder estabelecido ditatorial que não me oferece liberdade. Ou como sobre-vivência em situações-limites nas quais corre perigo o direito às necessidades mais elementares.

A democracia participativa, esse ir participando diariamente, freqüentemente, como uma ação inerente à vida cotidiana, em equipe, em cumplicidade, não permite os vazios participativos onde se forjam as organizações, as situações que provocam, no melhor dos casos, as participações resistência e sobre-vivência.

Processos que conseguirão, com o tempo, ainda mais, porque já estão conseguindo, criar na cidadania em geral e fundamentalmente na infância e na adolescência, o sentimento de ser soberana que, como tal, como diz Benedetti, "se dispôs a querer".

CAPÍTULO 7

ROTEIRO PRÁTICO DE APOIO À METODOLOGIA DA INTERVENÇÃO SOCIOEDUCATIVA E PARTICIPATIVA

Escrevo este capítulo com um objetivo muito claro: tentar evidenciar ao máximo o que acredito que deva ser feito e como acredito que deva fazer qualquer pessoa-profissional que, em seu trabalho, em qualquer espaço-tempo de qualquer lugar do mundo, queira intervir, em sua relação com a infância, adolescência ou com a juventude, o mundo adulto ou a terceira idade, a partir da metodologia de intervenção socioeducativa ou participativa que provoca a Pedagogia da Vida Cotidiana.

É o que eu penso, embora não tenha certeza. Ou seja, é como se eu estivesse perto dela e lhe dissesse: Você leu este livro talvez por desejar saber como me proponho intervir para promover uma educação e uma participação cidadã de qualidade, progressista, capaz de provocar mudança. Agora que chegou o momento de você se aproximar o máximo da realidade do seu trabalho educativo e de participação cidadã e iniciar sua relação com a infância e adolescência (ou com outras idades), levando em conta os conceitos-ferramenta que você leu ao longo deste livro: como você acha que poderia levá-los em conta? Como você começaria o seu trabalho?

Vou sugerir-lhe em que ordem; eu, em seu lugar, ocupando a função que você ocupa, com sua responsabilidade concreta, começaria utilizando esses conceitos-ferramenta na prática cotidiana. Não como algo obrigatório, mas como uma soma de sugestões, um apoio metodológico a distância, que você, leitor ou leitor, poderá levar em conta, ou não.

Evidentemente, sempre considerando que a vida é dinâmica, que cada ser humano é peculiar, é filho de sua história, ou seja, é diferente dos outros, e por isso você sempre terá de conciliar as intervenções e a ordem em que elas ocorrem ao ser humano muito concreto que tem diante de si, inclusive consigo mesmo.

É com uma atitude de muito respeito, unida ao grande desejo de apoiar intervenções de qualidade, que passo a sugerir-lhe agora o que fazer em primeiro lugar, em segundo lugar, depois, mais tarde... fazendo referência aos conceitos-ferramenta, a propostas a fazer a si mesmo ou a outros...

Não vou explicar de novo cada conceito-ferramenta, uma vez que já o fiz no decorrer do livro.

Utilizando-os do modo que julgar mais conveniente, você poderá, se quiser, transformá-los em vida, em realidade, na relação consigo mesmo e com a infância-adolescência de projetos com os quais vai colaborar. E sugiro que você as convide a colaborar consigo. Boa sorte! Boa convivência! E bom trabalho!

Eis as minhas sugestões:

■ Antes de se aproximar das crianças e adolescentes, *sugiro que você elabore muito profundamente uma Proposta de Anteprojeto Educativo-Participativa*.

Depois, ao primeiro contato com as crianças e adolescentes, apresente a eles apenas uma pequena síntese de sua proposta. Eles precisam só de um pouco de informação, pois deve partir deles, se desejarem, a iniciativa do processo de participação e de colaboração com você, para que, desse modo, sua proposta possa transformar-se em projeto deles.

Se você lhes apresenta essa proposta, se a oferece pronta, talvez a percebam não como sua proposta, mas como um grande projeto elaborado por você, fechado, concluído por você, do qual não existe nenhuma possibilidade de participar. Só lhes resta obedecer ou depender de você. Obedecer a você e a suas idéias, depender de você ou de suas idéias, de seu "grande projeto".

O ideal (é a proposta dessas metodologias que expliquei sob a perspectiva da Pedagogia da Vida Cotidiana) é que você realize essa proposta educativo-participativa levando em conta os desejos, os interesses e também as necessidades das crianças e adolescentes. Ou seja, DESDE A infância-adolescência.

Como você talvez ainda não os conheça, não conheça as crianças e adolescentes, terá de intuí-los em função da idade que eles têm, do lugar onde moram, onde estudam, de seu nível socioeconômico, de sua cultura... Se você os conhecer, melhor. Poderá aperfeiçoá-la ainda mais.

E depois dê a eles o seu apoio quando eles decidirem, se desejarem, colaborar com a transformação de "sua" proposta em projeto "deles", COM seu apoio (insisto em "se desejarem", pois a relação educativa e a participação cidadã não podem ser impostas).

Assim, com essa primeira ação educativa, você já estará levando em conta o conceito-ferramenta fundamental: O DESDE-COM.

■ Antes de convocá-los para a primeira reunião, seria bom que você se fizesse uma pergunta:

Quais fatores farão com que minha intervenção seja positiva ou consiga suscitar a colaboração com a infância-adolescência (ou com outras idades e projetos)?

Creio que esses fatores são:

– *Como eu me situo diante das crianças e adolescentes*
– Como eles se situam diante de mim
– *Se se cria ou não um vínculo entre eles e mim.*

Conseqüentemente, preciso fazer com que se crie esse vínculo e tenho que saber me situar diante das crianças e adolescentes e saber como eles atuam diante de mim.

■ Quando a intervenção é positiva, em geral ocorrem três etapas globais, síntese da relação do profissional com as crianças e adolescentes:

a) *Eu apoio – as crianças e adolescentes resistem*
   Eu apoio – eles obedecem
   Eu apoio – eles *se aproveitam de mim*
   Eu apoio – eles *me "ignoram"*
b) *Eu apoio – eles colaboram*
c) *As crianças, adolescentes e jovens fazem, propõem e eu colaboro.*

■ Penso que seria bom:

– *Colocar-se na situação* das crianças, adolescentes e jovens (ver a explicação dos temas deste ponto e dos seguintes).
– *Tomar como significativa* a relação que você vai começar com as crianças, adolescentes e jovens.
– Saber se eles também consideram significativa a relação com você.
– Perguntar-se *o que é educar*, e fundamentar a resposta nos conteúdos deste livro ou de outros mais positivos, mais progressistas.
– Perguntar-se e responder-se o que é *ser educadora ou educador.*
– Lembrar o que é um *ser humano*, o que são as crianças, adolescentes e jovens:
   • Ser de linguagens
   • Ser desejante
   • Ser de múltiplos afetos.

■ Talvez fosse útil que você tivesse apreendido, antes de se comunicar com eles, todos *os conteúdos referentes a desejos, sentimentos, às sete linguagens do ser humano...*

■ Seria bom que você recordasse tudo o que foi dito sobre:

– *o que é ser cidadã, cidadão*, diferente de habitante.

– o que é ser co-laborador, diferente de usuário, cliente, paciente...
– o fato de haver *uma cidadania com quatro realidades, vivências e experiências* (não associada, associada, técnico-profissional e política de partido).
– a necessidade de lembrar periodicamente, com muita freqüência, até apreender plenamente, que a metodologia que se propõe é a de se relacionar com a infância-adolescência a partir do conceito-ferramenta básico do DESDE-COM. Ou seja, intervir DESDE os desejos, sentimentos, interesses, sugestões, críticas – primeiro – das crianças e adolescentes e desde suas dúvidas, medos, necessidades, problemas – segundo – COM o apoio de meus sentimentos, desejos, interesses...

■ Creio que também seria útil você:
– refletir periodicamente para comprovar que estou intervindo a partir do DESDE-COM *e não* com um enfoque: *para* a infância-adolescência, ou *com* ou *junto da* infância-adolescência.
– recordar com freqüência que eu, como educadora, como educador, profissional de unidades educacionais ou de outras realidades, e a infância-adolescência somos vitalmente, antes de tudo, *seres desejantes.*
– fazer uma leitura profunda, insisto uma vez mais, dos conteúdos deste livro ou de qualquer outro que lhe permita *refletir sobre o que é um ser humano, seus sentimentos e desejos.*

■ Sugiro também que *você procure saber se comunicar com crianças e adolescentes, mas sobretudo consigo mesmo, a partir das sete linguagens* (ver o capítulo deste livro que aborda esse tema).

■ É recomendável também que você seja bem consciente dos *quatro sentimentos*-chave para provocá-lo e provocar ao longo do processo de relação socioeducativa e participativa:
– *sentimento de ausência*
– sentimento de encontro
– sentimento de pertença
– *sentimento de perda.*

A leitura de meu outro livro, *Vivir, educar: desde la seducción, el amor y la pasión*, poderia ajudá-lo a incorporar mais idéias que lhe permitam assimilar os conceitos-ferramenta relacionados aos sentimentos e desejos.

■ Um indicador importante de intervenção positiva é saber se você *está imbuído do sentimento de ausência antes de se encontrar com as crianças e adolescentes.* Se você sentiu a ausência à medida que preparava sua proposta de anteprojeto de participação.

■ *Se esse sentimento de ausência suscitou em você o sentimento de encontro.* Ou seja, o desejo de se encontrar com a infância-adolescência para continuar o processo DESDE-COM que você já iniciou quando preparava, escrevia e sentia sua proposta, desejando que ela se transformasse em projeto "deles" e mais tarde em projeto "de vocês".

– Talvez seja útil perguntar-se sobre o que você, como profissional que trabalha com crianças e adolescentes, considera a *"matéria-prima"* de seu trabalho cotidiano: "Como é a minha vida em comparação com a das crianças e adolescentes?" Ou, talvez, perguntar-se quais são os "marcos" que delimitam sua vida e a das crianças e adolescentes quando você intervém DESDE eles, COM seu apoio.

■ Sugiro que você faça uma pausa no caminho e se pergunte:

– Já elaborei minha proposta de anteprojeto?

– Realizei a síntese de minha proposta que apresentarei às crianças e adolescentes na primeira reunião com eles? Não em "minha" primeira reunião, mas em "nossa" primeira reunião.

■ *Farei minha intervenção* a partir da metodologia do "DESDE-COM" ou só pensarei que sim, mas minha intervenção será "para" as crianças e adolescentes, "com" eles ou "junto" deles?

■ *Tentarei criar indicadores objetivos, que me permitam garantir que minha intervenção se baseia no DESDE-COM,* e que são as crianças e adolescentes que estão fundamentalmente concretizando o seu projeto e não obedecendo-dependendo do meu?

■ *Saberei me situar diante das crianças e adolescentes?* Como?

■ *Saberei criar vínculos?* Como?

■ *Vou me esforçar para chegar à etapa "A infância-adolescência faz, propõe... e eu colaboro?"*

■ *Saberei colocar-me na situação* das crianças e adolescentes? Como?

■ *Meu trabalho com crianças e adolescentes é, ou será, significativo para mim?*

■ *Como saberei (vou me importar em saber?) se eles consideram significativa sua colaboração comigo?*

■ Dedicarei tempo, sentimentos, reflexão... suficiente para incorporar, apreender, assimilar ao máximo conteúdos que me permitam sentir como muito evidentes os conceitos de:

– *educar*

– educador

- ser humano, suas sete linguagens
- infância-adolescência
- cidadão
- sentimento de ausência
- sentimento de encontro
- "matéria-prima"
- vida cotidiana
- participação imprescindível da infância, adolescência e juventude
- ...

■ Depois da pausa no caminho, e desse espaço-tempo de reflexão, talvez seja o momento de planejar a realização do primeiro encontro com as crianças e adolescentes, *a primeira reunião.*

Esse é um momento-chave. Para apoiá-lo, aí vão algumas sugestões.

■ Talvez seja útil deixar claro que, *já nessa primeira reunião, se iniciam, devem iniciar-se, os processos dos nove "cês", as seis etapas, as sete linguagens, as oito mediações...*

■ Você poderia *preparar a reunião* basicamente deste modo:
- uma *simples e breve apresentação de sua proposta de anteprojeto de participação*
- uma criteriosa série de *perguntas às crianças e adolescentes*, perguntas inteligentes, oportunas e respeitosas como estas, por exemplo:
  - O que você entende por "participar"?
  - Você participa?
  - Onde, como, em quê?
  - O que é mais fácil: participar ou depender-obedecer?
  - Você quer participar mais?
  - Você sente e pensa, ou apenas faz?

■ A reunião deveria ser:
- não muito longa
- divertida.

■ *Antes de encerrá-la*, sugiro que se defina *o que fazer*, qual é o projeto que as crianças e adolescentes desejam a partir da proposta que você apresentou ou de outra proposta das crianças e adolescentes. Talvez com um jogo de "chuva de idéias". Algo que permita evidenciar se desejam colaborar com a proposta que você apresentou. Na transformação de sua proposta em projeto deles.

Nesse sentido, poderia ser muito útil para todos deixar claro qual é o projeto deles a longo prazo e qual é a primeira atividade a realizar para a reunião seguinte.

■ Entre uma reunião e outra, creio que realizar *alguma atividade lúdica* é muito útil e potencializa a participação das crianças e adolescentes.

■ De vez em quando, sugiro que vocês façam uma reunião de "murmúrios do corpo", em que as crianças e adolescentes, você e seus companheiros profissionais falem daquilo que em geral não se diz com as palavras, mas com o olhar, com os gestos. Daquilo que se sente e se pensa, mas não se diz. Tentem expressá-lo, compartilhá-lo e oferecer respostas uns aos outros.

■ Inicialmente *a freqüência* de reuniões deveria ser *semanal*, com *uma ou duas horas de duração*, dependendo das idades das crianças, adolescentes e jovens. Quanto menor a idade, talvez, menos tempo.

■ Os *grupos iniciais não deveriam ter mais de 20 ou 25 crianças ou adolescentes.*

■ Se você decidiu iniciar a relação diretamente com as crianças e adolescentes. Se você já tem consciência de que a participação das crianças e adolescentes é imprescindível, não apenas conveniente, necessária, positiva... ou já tinha essa consciência há bastante tempo.

Se você já tem consciência de que crianças e adolescentes devem ser seus colaboradores, não usuários ou clientes... e você deve ser o colaborador delas, talvez fosse bom você se perguntar: *Como consigo, como obtenho sua informação imprescindível, e sua colaboração, igualmente imprescindível?*

■ Minha sugestão é que *você utilize a técnica essencial* no momento de suscitar a participação cidadã: *a pergunta.*

■ Sugiro que você faça os seguintes tipos de perguntas, nesta ordem:
– *Perguntas para conhecer.*
– Perguntas para provocar.
– *Perguntas para apoiar.*

■ Depois de um tempo prudente, talvez de duas ou três semanas, eu perguntaria às crianças e adolescentes:
- *Quem vocês pensam que eu sou*, como pessoa-profissional que está com você, com vocês, colaborando?
- *Você poderia me ajudar a saber quem é você?* Vocês me ajudarão a saber quem são vocês?
- *O que vocês acham que acontece quando estamos colaborando juntos, quando falamos, quando nos vemos, fazemos atividades, brincamos?*

■ E você continuaria o processo, os diversos processos que certamente começarão a partir desse primeiro encontro.

■ Primeiro encontro que deverá provocar pouco a pouco o *sentimento de pertença, de pertencer a sua escola, a sua família, a sua comunidade, sua cidade, ao país.*

■ *Sentimento-desejoso de pertencer a esse "outro mundo possível"* que ela, ele, já estão provocando, desenhando.

■ *E, sobretudo, o sentido de pertencer ao mundo próprio deles, à vida deles, à história que eles estão construindo e consolidando com sua infância-adolescência.*

■ Por fim, gostaria de sugerir que você *continue trabalhando*, participando em colaboração com as crianças, adolescentes e jovens acompanhando a ação com a reflexão e a intervenção, *a partir de um enfoque de Pesquisa-Ação Participativa.*

Desejo a vocês, leitores e leitoras, e às crianças e adolescentes que os acompanham, uma boa viagem.

Essa grande viagem que é a vida, sobretudo a vida em colaboração, participando como cidadão, como cidadã, a partir de uma Democracia Participativa, na realização desse mundo desejado, que já se faz presente.

César Muñoz
cesarmunoz@inicia.es
Manhã de 15 de fevereiro
Meio-dia
Ano de 2004.

REFERÊNCIAS BIBLIOGRÁFICAS

ALBOM, Match. *Martes con mi viejo profesor*. Maeva Ediciones, 2000.

ALUNOS DE BARBIANA. *Contraescuela: por una Pedagogía Popular*. Ed. Zero, 1978.

BARCELÓ, Sara & PIMENTEL, Zainer. *Radicalizar la democracia*. Los Libros de la Catarata, 2002.

BENEDETTI, Mario. *El amor, las mujeres y la vida*. Alfaguara, 2001.*

__________. *Rincón de Haikus*. Visor Libros, 2001.

BETTELHEIM, Bruno. *Con el amor nò basta*. Fondo de Cultura Económico, 1973.*

Brook, Peter. *Espacio vacío*, 2002.*

__________. *Hilos de tiempo*, 2002.*

CARIERI, Francesco. *El andar como práctica estética*. Ed. Gustavo Gili, 2002.*

CEBALLOS, Paloma. *Un método para la investigación-acción participativa*. Ed. Popular.

DELEM, Philippe. *El primer trago de cerveza y otros pequeños placeres de la vida*. Tusquets, 2001.

DELIGNY, F. *Los vagabundos eficaces*. Ed. Estela, 1971.*

DOLTÓ, Françoise. *La causa de los niños*. Paidós, 1990.*

FAME, Edgar et al. *Aprender a ser*. Alianza Editorial, 1974.

FREIRE, Paulo. *Concientización*. Ed. Zero.*

__________. *Educación como práctica de la libertad*. Ed. América Latina, 1965.*

__________. *Educación liberadora*. Ed. Zero.*

__________. *Educación y cambio*. Ed. Búsqueda, 1976.*

__________. *La educación como práctica de la libertad*. Siglo XXI.*

__________. *Pedagogía del oprimido*. Ed. América Latina, 1967.*

__________. *Pedagogía y acción liberadora*. Ed. Zero.*

FREIRE, Paulo & ILLICH, Ivan. *Educación para el cambio social*. Ed. Tierra Nueva, 1975.*

FREIRE, Roberto & BRITO, Fausto. *Utopía y Pasión*. Tupac Ediciones, 1990.*

GOLLETE,Gabriel et al. *La Investigación-acción*. Ed. Alertes, 2001.

GUERAU, Faustino. *La vida pedagógica*. Roselló Impresions, 1985.

GUINDON, J. *Las etapas de la reeducación en los jóvenes delincuentes y otros*.

JULIÁ, A. et al. *La praxis de la educación especial*. Ed. Advance, 1976.

KLEIN, Naomi. *No logo.* Paidos, 2002.

KORCZAK, Janusz. *Cómo amar a un niño.* Ed. Trillas, 1986.*

__________. *Si yo volviera a ser niño.* Ed. La Pleyade.*

KRISHNAMURTI, J. *Mi canto a la vida.* Ed. Sirio, 2001.

KUNDERA, M. *A insustentável leveza do ser.* 21. ed. Rio de Janeiro, Nova Fronteira, 1985.*

LEFEBVRE, H. *La vida cotidiana en el mundo moderno.* Alianza Editorial.

LISPECTOR, Clarice. *Aprendizaje o el libro de los placeres.* Ed. Siruela.*

MAKARENKO, A. S. *El poema pedagógico.* Ed. Paidós, 1979.*

MARCUSE, Herbert. *Eros y Civilización.* Ed. Planeta Agostini.

MARINA, J. M. *El rompecabezas de la sexualidad.* Ed. Anagrama, 2002.*

MENDILUCE, J. M. *La nueva política.* Planeta, 2002.

MUÑOZ, César. *Vivir, educar: desde la seducción, el amor y la pasión.* Centro de Investigaciones Pedagógicas de la Infancia, la Adolescencia y la Juventud. Programa Daphne. Comisión Europea, 2003.*

NADOLNY, Sten. *El descubrimiento de la lentitud.* Ed. Edhasa.*

OFFE, Claus. *Partidos políticos y nuevos movimientos sociales.* Ed. Sistema, 1988.

PÁNIKER, Salvador. *Cuaderno Amarillo*, 2001.*

__________. *Primer testamento.* Ed. Seix Barral.*

__________. *Segunda memoria.* Ed. Seix Barral, 1988.*

__________. *Variaciones 95.* Ed. Areté, 2002.*

PROUST, Marcel. *La fugitiva.* El Pais, 2002.*

REDL, F. & WINEMAN, D. *Niños que odian.* Ed. Paidós, 1970.*

ROCHEFORT, Cristiane. *Primero los niños.* Ed. Anagrama, 1977.*

SÁNCHEZ, Félix. *Orçamento Participativo, teoria e prática.* São Paulo, Cortez, 2002.*

SÉLLER, A. *Sociología de la vida cotidiana.* Ed. Península, 1977.

SENNET, Richard. *Carne y piedra. El cuerpo y la ciudad en la civilización occidental.* Alianza Editorial, 2002

SORMAN, Guy. *Los verdaderos pensadores de nuestro tiempo.* Seix Barral.

THOREAU, Henry D. *Desobediencia civil y otros escritos.* Ed. Tecnos, 2001. (Clásicos del Pensamiento)

VANEIGEM, Raoul. *Aviso a escolares y estudiantes.* Ed. Debate, 2002.

__________. *Tratado de saber vivir para uso de las jóvenes generaciones.* Ed. Anagrama, 2002.

VV.AA. *La participación en la vida cotidiana y su relación con la prevención de la violencia.* Centro de Investigaciones Pedagógicas de la Infancia, la Adolescencia y la Juventud. Programa Daphne. Comisión Europea, 2000.*

VV.AA. *Malaguzzi y la educación infantil en Reggio Emilia.* Barcelona, A. M. Rosa Sensat, 1996. (Col. Temas d'Infància)*

VV.AA. *Discurso sobre la vida posible. Quemar los puentes. El comienzo de una nueva época.* Sediciones n. 11.

WINTERSON, Janette. *La pasión.* Ed. Edhasa, 1990.*

YOURCENAR, Marguerite. *Memorias de Adriano.* Ed. Edhasa.

OUTROS

AGUILERA, E. et al. *Projecte reeducatiu per al menor inadaptat*. Ed. Rosa Sensat, 1983.

AGUILERA, J. L. et al. *Encuentros en la marginación: una mirada a la realidad social española*. F. Sol Hachuel, 1989.

ARANGUREN, J. L. *Ética de la felicidad y otros lenguajes*. Ed. Tecnos, 1988.

__________. *Moral de la vida cotidiana, personal y religiosa*. Ed.Tecnos, 1988.

ARISTÓTELES. *Política*. Alianza Editorial, 1998.

BARICCO, Alessandro. *Seda*. Anagrama.

BEIGBEDER, Frédéric. *13.99 Euros*. Anagrama, 2002.

BETTELHEIM, Bruno. *Fugitivos de la vida*. Fondo de Cultura Económico, 1973.*

BLEGER, José. *Psicología de la conducta*. Paidós.

CALVO, Enrique (org.) et al. *Los placeres*. Tusquets Editores.

CAPUL, Maurice. *Los grupos educativos*. Buenos Aires, El Ateneo.

CARBONELL, J. et al. *A.S. Makarenko: una antología*. Nuestra Cultura, 1980.*

CARDÚS, S. *Saber el tiempo: el calendario y su significación en la sociedad moderna*. Ed. Altafulla, 1985.

CARRIÈRE, J. C. et al. *El fin de los tiempos*. Ed. Anagrama, 1999.

CASTELLS, Manuel. *La galaxia internet*. Rosa dels Vents, 2002.

CHEBEL, Ariane. *Los racismos cotidianos*. Bellaterra, 2001. (Biblioteca del Ciudadano)

COX, H. *La fiesta de los locos*. Ed. Taurus, 1983.

CSIKSZENTMIHALYI, Minaly. *Fluir. Flow*. Ed. Kairós, 1997.*

DÍEZ NAVARRO, Carmen. *La oreja verde de la escuela*. Ed. de la Torre, 1995.

DOLTO, Françoise. *La causa de los adolescentes*. Seix Barral, 1990.*

ESTEFANÍA, Joaquín. *El poder en el mundo*. Plaza & Janés, 2002.*

FISHER, Robert. *El caballero de la armadura oxidada*. Obelisco, 2001.

FRANSOY, Pius et al. *Els nens del carrer*. ICESB, 1986.

FREINET, C. *Parabolas para una pedagogía popular*. Ed. Laia, 1977.*

__________. *Técnicas freinet de la escuela moderna*. Siglo XXI.

FREINET, Elise. *Nacimiento de una pedagogía popular*. Ed. Laia, 1975.

FREUD, Sigmund. *El malestar de la cultura*. Alianza Editorial.

GALA, Antonio. *La soledad sonora*. Ed. Planeta.

GALEANO, E. *El libro de los abrazos*. Ed. Siglo XXI, 2001.

__________. *Patas arriba. la escuela del mundo al revés*. Siglo XXI, 2001.*

__________. *Ser como ellos*. Siglo XXI, 2000.

GEORGE, Susan. *Informe lugano*. Ed. Icaria, 2002.*

GUERAU, F. & TRESCENTS, A. *El educador de la calle*. Roselló Impresions .1987.

GUERAU, Faustino et al. *Pioneros, una experiencia educativa*. Gráficas Rveu, 1982.

HARRIS, Marvin. *La cultura norteamericana contemporanea*. Alianza.

HARRIS, T.A. *Yo estoy bien, tu estás bien*. Ed. Grijalbo , 1975.*

HESSE, Hermann. *Siddharta*. Plaza & Janés.

HÖLDERLIN, Friedrich. *Hiperión*. Ed. Hiperion.

JOHNSON, Spencer. *¿Quien se ha llevado mi queso?* Empresa Activa, 2001.

MAFFESOLI, M. *La violencia totalitaria*. Ed. Herder, 1982.

MAKARENKO, A. *Banderas en las torres*. Ed. Planeta.*

_________. *Colectividad y educación*. Nuestra Cultura, 1979.*

_________. *La educación infantil*. Nuestra Cultura, 1980.

MARINOFF, Lou. *Más Platón y menos prozac*. Ed. B. Grupo Z, 2002.

MENDILUCE, J.M. *Tiempo de rebeldes*. Planeta.

MICHAUD, Ginette. *Análisis institucional y pedagogía*. Ed. Laia.

NEILL, A.S. *Hablando sobre summerhill*. Mexicanos Unidos, 1971.

_________. *Hijos en libertad*. Ed. Granica, 1976.

ORTEGA, J. *Delincuencia, reformatorio y educación liberadora*. Ed. Armary, 1987.

ORTEGA, S. *La sabia insinuación de las cosas*. Huerga & Fierro Editores, 1999.

PANCHÓN, Carme. *Manual de pedagogía de la investigación social*. Ed. Dulac, 2001.

PENNAC, Daniel. *Señores niños*. Ed. Thassalia, 1998.

RICO, Maite. *Marcos. la genial impostura*. Ed Aguilar, 1998.

RILKE, Rainer Maria. *Cartas a un joven poeta*. Alianza Editorial, 1982.*

RÍO, Duarte & RHEINGANTZ. *Projeto do Lugar. Colaboração entre arquitectura, psicologia e urbanismo*. Rio de Janeiro, 2002. (Col. PROARQ)*

ROIG, Montserrat. *La aguja dorada*. Ed. Plaza Janés, 1985.*

ROUQUES, Denise. *Psicopedagogía de los débiles profundos*. Ed. Marfil.*

ROY, Arundhati. *El dios de las pequeñas cosas*. Ed. Anagrama, 2002.

SABATER, Fernando. *Ética para amador*. Ed. Ariel.

_________. *Pensamientos arriesgados*. Ed. La esfera de los libros, 2002.

SÁDABA, J. *El amor contra la moral*. Ed. Arnao, 1988.

_________. *Saber vivir*. Ed. Libertarias, 1985.

SAINT EXUPÈRY, Antoine. *El pequeño príncepe*. Ed. Odisea.

SELYE, Hans.*Tensión sin angustia*. Ed. Guadarrama.*

TONUCCI, F. *Con ojos de niño*. Barcanova.

_________. *Con ojos de niño 2*. Barcanova.

_________. *La ciutat dels infants*. Barcanova, 2001.*

VEGA, A. et al. *Pedagogía terapeutica e inadaptados*. Cataluña. Universidad de Barcelona, 1984.

VERDÚ, Vicente et al. *Nuevos amores, nuevas familias*. Tusquets Editores, 2000.

VV.AA. *Idees. Revista de temes contemporanis*. 8 Octubre/desembre 2000.

VV.AA. *Liberación. Desolación de la utopía*. Ediciones Libertarias.

VV.AA. *Trabajar no es un juego*. Planeta, 2000.

WOLF, M. *Sociologías de la vida cotidiana*. Ed. Cátedra, 1982.

PARMA
Impresso nas oficinas da
EDITORA PARMA LTDA.
Telefone: (011) 6462-4000
Av.Antonio Bardella, 280
Guarulhos – São Paulo – Brasil
Com filmes fornecidos pelo editor